故事演讲

让演讲更具说服力

刘金来/著

中华工商联合出版社

图书在版编目(CIP)数据

故事演讲：让演讲更具说服力 / 刘金来著. -- 北京：中华工商联合出版社，2023.4
ISBN 978-7-5158-3633-1

Ⅰ.①故… Ⅱ.①刘… Ⅲ.①演讲–语言艺术 Ⅳ.①H019

中国国家版本馆CIP数据核字（2023）第 060219 号

故事演讲：让演讲更具说服力

作　　者：	刘金来
出品人：	刘　刚
责任编辑：	李　瑛　李红霞
排版设计：	水日方设计
责任审读：	付德华
责任印制：	迈致红
出版发行：	中华工商联合出版社有限责任公司
印　　刷：	三河市宏盛印务有限公司
版　　次：	2023 年 5 月第 1 版
印　　次：	2023 年 5 月第 1 次印刷
开　　本：	710mm×1020mm　1/16
字　　数：	180 千字
印　　张：	14.75
书　　号：	ISBN 978-7-5158-3633-1
定　　价：	58.00 元

服务热线：010—58301130—0（前台）
销售热线：010—58302977（网店部）
　　　　　010—58302166（门店部）
　　　　　010—58302837（馆配部、新媒体部）
　　　　　010—58302813（团购部）
地址邮编：北京市西城区西环广场 A 座
　　　　　19—20 层，100044
http://www.chgslcbs.cn
投稿热线：010—58302907（总编室）
投稿邮箱：1621239583@qq.com

工商联版图书
版权所有　侵权必究

凡本社图书出现印装质量问题，请与印务部联系。

联系电话：010—58302915

PREFACE / 前 言

讲故事将成为21世纪最应具备的基本技能之一。

从孩童时代开始，我们就喜欢听故事，这是一种天性。故事也的确伴随着我们成长，在我们心中留下了难以磨灭的印象：从大灰狼小白兔的故事到孔融让梨的故事，从爱迪生的趣味故事到比尔·盖茨的励志故事……当我们走入社会之后才发现，故事不仅仅具有助眠和教育作用，还能够让你轻松地说服别人，从而直接或者间接地获取成就和财富。更重要的是，一个好故事能够让我们更好地认识世界、理解生命以及审视自我。

当我们用讲故事的方式传播我们的观点和思想时，就能聚焦听众的注意力，让他们认真思考我们输出的内容，达到"讲-听-理解"的良性信息交互模式，确保我们的演讲既锻炼了自我也帮助了他人。与他人分享知识和经验是一种享受，在这个过程中，我们不仅会扮演一个传播者，也会在传播的过程中重新审视自己的观点和思想，修正一些错误的认识，从而进一步完善和提升自我。

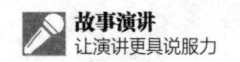

现在，创业需要讲故事，营销需要讲故事，管理需要讲故事，教学更需要讲故事，故事已成为一种实用的社交和生存工具。尤其是在互联网时代，讲故事的能力显得越发重要，它能决定你是否能成为一个拥有忠实拥趸的意见领袖，或者是一个出色的自我营销大师，又或者仅仅是一个受到尊重和信赖的普通人。

故事不仅是一种创作方式，也是一种思维模式，借助故事能够更有效地激励、说服与影响别人，从而帮助你解决问题、达成目标、实现价值。难怪《哈佛商业评论》中指出：讲故事是一种重要的管理工具，能够增加个人魅力，影响别人的价值观，塑造个人形象，传播商业文化。然而尴尬的是，我们很少接受如何讲好故事的教育导致很多人讲故事的能力十分欠缺。当然，有的人认为：我不创业、不营销，不需要讲故事。这就大错特错了，因为你始终绕不开一类社交项目——演讲。

在学生时代，老师会要求学生轮番上台演讲；进入职场之后，领导会要求员工通过演讲发表自己的看法；在私下聚会时，无论你是主人还是宾客，也都有即兴演讲的机会……对于演讲来说，故事是不可或缺的组成部分，而且相比于其他场景，演讲对故事有着更高的要求。

演讲是在一种相对封闭的环境下进行的，你面对的受众可能不是你的下属、同事或者朋友，而是一群陌生人，你并不了解他们的知识结构和生活阅历，与他们的情感联系相对生疏，甚至处于半对立状态。那么，如何才能拉近彼此的距离？讲故事，只有讲故事才能让你的听众有机会了解你以及你所要传递的信息。

当然，讲好一个故事并不是只依赖出色的口才和丰富的想象力就可以的，还需要平时多从生活中积累素材，比如多读经典的书籍，多看优

前言
PREFACE

秀的影视剧，从中吸收灵感。另外也要多和他人交流，关注新闻热点，把具有时代性和生活性的信息融入到故事中，而不是用干巴巴的理论强塞进一个故事外壳里。我们应该让听众感到这个故事就发生在自己身边，这样才能建立代入感，方便他们理解并吸收你传播的信息。我们也可以针对不同的听众进行调研或者预判，分析、揣摩他们的痛点、偏好和习惯，用他们喜闻乐见的方式搭建出故事框架、构建好故事风格、凸显出故事主题。

故事是演讲的利器。从亚里士多德到苏格拉底，再到其他著名演说家，他们不仅拥有清晰而严密的逻辑，同时也都是大师级的讲故事高手。他们十分明白用好故事表达演讲主题的强大力量，也知道一个好故事所具备的巩固和加深学习经验的作用。

演讲者需要一个有价值的故事和一套讲故事的理论和实践经验，本书可以帮助你选择故事题材以及提升讲故事的技巧，给你带来求知的满足感。想想看，为何那么多人喜欢看苹果手机的发布会，喜欢听乔布斯的演讲呢？很重要的一个原因是故事讲得好。

本书从零开始教你学习讲故事，无论你之前是否有讲故事的才能或者演讲的经验，都可以快速上手，在最短的时间内学习最实用的故事演讲方法。让你从一个对故事概念并不清楚的人，逐步成为一个会讲故事的人，成为一个拥有更强竞争力的人。

CONTENTS / 目 录

第一章
高效演讲：好演讲背后一定有好故事

1. 关键要素：一个明确的主题　　　　　　　　002
2. 做与乔布斯一样的"PPT大神"　　　　　　007
3. 你想传递给听众的是什么？　　　　　　　　013
4. 打动人心的演讲往往与"获取"有关　　　　019
5. 不要讲道理——故事才是演讲的血肉　　　　026
6. 破坏演讲的四大错误　　　　　　　　　　　031
7. 如何表现"故事思维"？　　　　　　　　　　036

第二章
为有说服力的演讲做准备

1. 技巧　　　　　　　　　　　　　　　　　　042
2. 包装　　　　　　　　　　　　　　　　　　071
3. 细节　　　　　　　　　　　　　　　　　　117
4. 取材　　　　　　　　　　　　　　　　　　137

第三章
演讲的核心：听众是谁？他们需要什么？

1. 你的故事不要长篇大论 　　　　　　　　　　160
2. 一句话能概括什么？ 　　　　　　　　　　　165
3. 60秒了解红酒知识 　　　　　　　　　　　　169
4. 女招待和她的瑰丽人生 　　　　　　　　　　174
5. 从一支钢笔到华尔街 　　　　　　　　　　　179
6. 酒店巨头与沙漠里的富人 　　　　　　　　　183
7. 丘吉尔和"永不放弃" 　　　　　　　　　　　187

第四章
故事汇——演讲大师怎样讲故事

1. 西蒙·斯涅克的"领袖力"模型 　　　　　　　192
2. 吉尔·伯特·泰勒——一个"半边脑子不转"的探索者　　197
3. 贝姬·布兰顿——从无家可归到站上讲台 　　203
4. 跟学校"唱反调"的肯·罗宾逊 　　　　　　　209
5. 艾米·卡迪——你的身体里藏着最精彩的故事 　214
6. 马库斯·菲舍尔——让你的观众"身临其境" 　218
7. 汉斯·罗斯林——大数据时代，别滥用数据 　　223

第一章
Chapter 1

高效演讲：
好演讲背后一定有好故事

1. 关键要素：一个明确的主题

最近几年，人们常常能听到这样的话："我有故事，你有酒吗？"讲故事已经从单纯的娱乐变成一种社交行为，不仅朋友之间要靠故事增进了解，陌生人也能够通过故事拉近距离，而在生意场上，一个好故事甚至还可以促成一笔交易。

我们似乎进入了一个"故事时代"，讲故事几乎成为一种必备技能了。不用说，当你在众人面前演讲时，能否抓住听众的耳朵、思维和感情，故事就是最重要的利器。

那么问题来了，如何在演讲中把故事讲好？先别急着练习声情并茂的讲故事口才，而是应该先考虑一个问题：你的故事主题是什么？一个没有主题的故事，纵然你有相声大师的口才，无非也就是让听众捧腹大笑一番，可笑过之后，别人还是不知道你想表达什么。归根结底，是因为你的故事缺乏主题。

我们都知道，《西游记》里唐僧师徒之所以经历千辛万苦也不放弃，是因为他们有清晰的目标——去往西天求得真经，这就是唐僧师徒的人生主题，也是整个故事的主题。同样，我们在向听众讲述一个故事的时候，首先要考虑的就是主题。没有主题，我们的故事就失去了灵魂，即便我们讲得再精彩也是一盘散沙。

既然主题如此重要，我们应当从两个方向去选取主题，一个是具有普世性的，也就是对大多数人都适用的；另一个就是当下的热点话题。在这些素材中才有我们可以圈定主题的故事。换个角度看，听众们关注的话题无非就是他们能够感同身受的或者是乐于讨论的。

常规的话题，是绝大多数人都关心的，比如生死、工作、家庭、婚姻等。无论过去、现在，还是将来，这些话题都不会过时。虽然听起来有些老生常谈，但它离每个人都很近，当你以常规话题为主题进行阐述时，很容易引发听众共鸣。

常规的话题可能从表面上看和你要表达的思想没关联，这不要紧，你可以通过一个大家都关心的话题或者简单词语将二者联系到一起。比如，你想做一个有关开发潜能的演讲，听起来和现实生活关联不大，但是你可以用《一小时速读一本书——你了解你的潜能吗？》作为标题，因为读书往往和学业、评职称、自我提升相关，是一个可以验证成果的存在，和你要阐述的潜能开发就

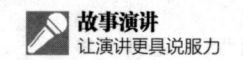

能完美地关联在一起,听众不会觉得牵强。因为读书关系到很多人的发展前途,也会衍生很多探讨读书意义的故事,选择其中最契合主题的故事讲出来,听众更容易接受。

热点话题,这个更容易和你要表达的内容联系到一起。比如现在很多热点文章的标题都是《从XXX事件看XX》或者《XX事件,其实就是XXX》。也就是说,任何热点只要变换一个角度,就能和你要表达的内容结合成新的主题,让听众有强烈的关注欲望。你可以在演讲的同时让大家讨论,形成良好的互动。

热点事件也许距离听众的生活很远,但是可以从普通人的视角去看,从中得到新的领悟和解读,也十分具有趣味性。或者,我们可以从新闻背后寻找故事,让它为我们传递的信息服务,形成更有说服力的主题。需要注意的是,对热点新闻的解读要尽量多走打破常规的路线,努力选择一个新的角度,这样才更容易引起听众的兴趣。

确定主题之后,我们需要在讲故事的时候为主题设置一个引子。如果你想讲一个有关产品营销的小故事,如一个笨手笨脚的推销新手如何在多次碰壁之后掌握营销技巧,主题锁定在如何读懂人心上,那么该怎么设置引子呢?直接讲述菜鸟推销员吗?这样效果显然不好,因为营销衍生的东西很多,有关于产品的,也有关于沟通的,所以你不妨这样开场:"大家都听过'读心术'吧?有个年轻人曾经很痴迷这类书,后来他选择了做推销员……"这样一来,你就把"读懂人心"这个主题通过"痴迷读心术的年轻人"这个引子巧妙地引出,听众大概就知道你要讲什么了，从而会有选择性地加工你传递的信息。

有的人十分轻视主题，认为只要故事足够精彩，自己有明确的演讲标题，听众就会从中明白自己想表达什么，其实这是看轻了主题的作用。故事的主题，能够帮助你更好地传递信息。如果你平铺直叙地去讲一个故事，听众会认为你可能是有感而发才去讲一个故事，这样的故事除了活跃一下气氛之外，再没有其他的作用了。换句话说，没有主题的故事，就是让听众自由体验，而听众的认知结构又不同，听着听着，故事就散了，失去了为演讲服务的作用。这种情况经常发生在那些即兴演讲中，听众可能会在躁动、亢奋的状态中去听一个小故事，如果你太注重表达而忘了凸显主题，故事就会和你的整个演讲脱节。

主题是故事"健康"的保障，这才是你要重视主题的根本原因。缺失主题或主题模糊，都会让你的演讲高开低走。从一个精彩的开场白开始，经过一个引人入胜的故事之后，听众的大脑却一片空白——因为你没有暗示他们要关注哪些内容，这无疑是演讲的一个大忌。

如果觉得锁定主题有难度，你可以在讲故事之前问问自己：这个故事讲了什么？通常有两种回答方式：第一，这是一个小男孩救了小海豚的故事；第二，这是一个有关人类爱护动物、保护自然的故事。

现在你明白了吧？如果你的思路遵循第一种回答，并以此去讲述故事，那么主题就不会很突出。听众可能会为小男孩和小海豚流泪，但是没有将主题升华，因为你的视野就锁定在这个层

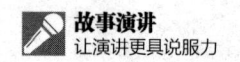

次。所以，正确的做法是让你的思路遵循第二种回答，并以此去讲述这个故事，这样才能引导听众朝着更高的层次去思考，从而接近你要表达的核心思想。

2. 做与乔布斯一样的"PPT大神"

乔布斯的苹果不仅在整个世界圈了一大波"死忠粉",还让无数热爱演讲的人津津乐道,因为"乔帮主"在每一次新品发布会上的演讲,都能用精彩的PPT来呈现,使他的演讲更有感染力。

那么,乔布斯的PPT到底有何种魅力?总结起来有十大优点。

第一,令人惊叹。

PPT原本是一种比较枯燥的以图文为主、动画为辅的讲解方式,但是乔布斯却让它承载了精彩绝伦的广告语。比如"我们不卖产品,(它)能创造奇迹。"一句话起到了振聋发聩的作用,比用复杂的语言反复强调更有说服力。

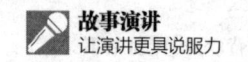

讲故事的时候，我们也应该适当地插入一两句让听众振聋发聩的话，起到画龙点睛的作用。比如，我们讲一个有关头脑风暴的故事，介绍一个创业小团队如何通过拼创意去打开市场，当我们讲述他们开会的情景时不妨这样说："这是一次创意飘香的豪门盛宴，他们以巧妙的思维为作料烹制了最美味的东西。"这样的点睛描述，能够让听众耳目一新，回味不绝。

第二，用词简单。

乔布斯很少在PPT的文案中使用专业术语，而是用大众都听得懂的话去描述他的产品。比如介绍iPod的时候就一句话："它就是你口袋里的1 000首歌！"精确地将该产品的便携性和大存储容量的特点表达了出来，而不是"这是一款重达6.5盎司、沙丁鱼罐头大小、具有长时间续航能力的音乐播放器"。

同样，我们在讲故事时，也应尽量用最简练的语言去描述。比如我们要讲述20世纪30年代的经济危机，不妨这样说："那是梦想家的墓地，投机者的末日。"简单一句话就能描述出经济危机的灾难程度，让听众理解透彻。

第三，表达内涵。

这个"内涵"并不和用词简单相矛盾，它是为了引发人们的思考。比如乔布斯说过的一句话："一台电脑，就好比是思想的自行车。"看似绕了弯子，其实是让人思考电脑对人类思维的辅助作用，之所以是自行车而不是汽车，是因为自行车操控更简单，而一台好的电脑也应该如此。这样的表达既炫酷又令人回味无穷。

我们讲故事最终是为演讲服务的,所以也要甩出一两句富含深意的话,比如你给听众讲了有关马云的电商生涯的故事,结尾时可以说:"如果你有和马云同样的机会,或许你不会输给他,但会输给你自己。"这样就略带隐晦地表达了马云开创阿里巴巴时的困难(胜算不大),以及你很可能不具备跟马云一样的魄力的事实,让听众去细细品味。

第四,形象展示。

人类处理图像的速度要比语言快60 000倍,因此乔布斯总是用几张简洁的图片去代替相对烦琐的语言,直观性很强,也更容易激发受众对产品的喜爱。

在讲故事的时候,最好可以插入一些幻灯片作为说明,如果客观条件不允许,也可以就地取材,拿起一瓶矿泉水讲讲"新零售",拿起快递单子讲讲"大数据",这些都会引发听众丰富的联想,有助于消化你传递给他们的信息。

第五,关心受众的需求。

乔布斯会充分展示出"我为什么要购买它"的答案。比如这台iPhone上网速度快,再比如这台Mac处理文档效率高等,而这些可以改变用户的工作与生活方式,听众才愿意听。

这个技巧对演讲者来说尤为重要。听众为什么要听你滔滔不绝地讲话?你要让他们知道听了你的演讲之后会受益匪浅,这样才能让他们带着目的去听,从被动的接受者变成主动的学习者。

第六,高潮迭起。

乔布斯的每次演讲都会设置一个高潮环节,成为事后人们津

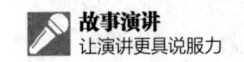

津乐道的话题。比如他在介绍Mac Air的时候，从一个信封中取出了这台笔记本电脑，以此来展示它的纤薄，这都是为了结合PPT讲解的必备内容。

在讲故事的时候，最重要的部分莫过于"情节反转"了，反转得越是具有戏剧性，就越能够吸引听众，引起他们无尽的想象和思考。所以要在故事中尽可能多地植入有意义的反转情节，把它安排到整个演讲的中间阶段或者三分之二的阶段，让听众在注意力衰退的时候突然被刺激到，这样有利于强调演讲的主题。

第七，简短的标题。

不仅在PPT中遵循这一原则，乔布斯在Twitter上也信奉一条准则：你能用140个字节描述自己的产品或服务吗？他知道精炼的标题才能引起受众的好奇心，让他们关心其他的文字内容，甚至会翘首以盼后续的新品发布会，这个技巧对演讲来说太重要了。

我们做演讲的时候，也要认真归纳出一个简短的标题，让人一看就知道自己想要获得什么、你会传达什么，而标题本身也会成为你要讲的故事的注解，让理解能力稍差的受众也能听懂。比如，你做的演讲和物联网有关，那就可以拟定一个《物联网就是满足"易得性"》的标题，再讲一个有关线上线下购物对比的故事，这样就能方便受众理解主题了。反之，如果标题复杂啰唆，就会让受众的思维跑偏。

第八，10分钟规则。

据说，演讲只要超过10分钟，人的大脑就会陷入疲劳状态，也就是说，你的PPT再精彩也会收效甚微。乔布斯充分地意识到了这一点，每当演讲进行10分钟左右时，就会插入视频或者让客户发言，让大家不再觉得沉闷或者乏味。

在我们讲故事的时候，也要注意控制篇幅，不要把故事讲得太长，哪怕这个故事十分精彩。毕竟你要做的是演讲，不是故事会，所以最好控制在10分钟以内，甚至更短，因为你讲完故事后，还要结合其他需要表达的信息。

第九，生动的语言。

即便有PPT做辅助，也不能忽视语言的作用，乔布斯提到iPhone3G版本的时候，用的词是："敏捷得惊人！"这和很多商界人士惯于使用的模糊、技术性的词汇相比，更能打动人心，也更能凸显演讲者的自信。

有的演讲者过于关注故事本身，却忽视了语言的重要性：生动的语言会让一个平庸的故事变得有趣，而平庸的语言可能会把好故事讲烂。所以，多多锤炼语言，会给你的故事增光添彩，也能让你的演讲成为经典范例。

第十，临场应变。

乔布斯的演讲让很多人感到有趣，特别是在遇到一些突发事件时。比如在2007年，乔布斯在Macworld大会上做主题演讲时，助手在播放幻灯片时出了问题，然而乔布斯不慌不忙地讲了有关自己和联合创始人沃兹搞乱电视信号的故事，没有让会议冷场，当幻灯片正常播放时，他就像什么都没有发生似的继续演讲。

讲故事是演讲中的插曲，在有些受众看来是"非正式阶

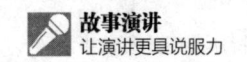

段",所以他们可能会放松,甚至暂时离席。遇到这种情况,我们可以让故事暂停,或者把故事的结构重新调整一下,来适应现场的气氛。比如,现场已经有些骚动了,你还在讲一个有关佛学的故事,这就不容易吸引听众的注意力,倒不如换成一个能起同样作用的小笑话。

尽管演讲强调的是"讲",不过"看"也是不能忽视的存在。比如PPT的背景颜色、演讲者的穿着搭配以及会场的布置等,这些听众都可以通过眼睛看到。如果色彩过于明亮,就会转移听众的注意力,弱化他们对演讲和故事的关注度,还可能造成视觉疲劳。所以,PPT的背景要选择相对柔和的颜色,比如蓝色或者灰色,少使用撞色,比如红色和蓝色。至于演讲者的服装,要整洁大方,不能太夸张。乔布斯的演讲PPT大多是以黑色作为背景色,他本人的穿着也是极简风格,一件黑色的T恤搭配一条牛仔裤而已。

从乔布斯的PPT演讲中可以看出,讲好一个故事需要在主题和内容上同时下功夫,即主题鲜明,内容简单明了,这样才有助于听众接受。更重要的是,乔布斯的很多演讲都是经过充分准备的。同样,你要讲的故事要配合演讲内容多加练习,让听众觉得一气呵成,这样才能让你的演讲具有震撼力。

3. 你想传递给听众的是什么?

牧师站在圣坛边,向信徒传递的是宗教教义;教师站在讲台上,向学生传递的是文化知识;企业家站在会议桌前,向员工传递的是企业文化……作为演讲者,你应当向听众传递什么呢?

我们先搁置这个问题,看一个统计数据。

据统计,人和人的沟通,60%~70%依靠的是非语言信息。回到演讲中,听众主要接收到的并不是你口若悬河的语言信息,而是占比更多的非语言信息。因此,你要传递给听众的除了语言和文字信息,还应该有更饱满的情绪。

人们常说,生命在于运动,人脉在于走动,那么演讲的成功

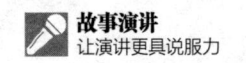

在于什么呢？在于互动。这个互动不仅包括语言交流，也包括情感的互动。一个成功的演讲者，势必是一个能够带动听众情绪的人。只有听众被你的观点、故事及其他展示手段打动，才能心甘情愿地接受你的引导、激励甚至批判。

当陈胜、吴广喊出"王侯将相，宁有种乎"的时候，仅仅是这八个字起到了鼓动作用吗？当然不是，还有现场绝望、悲愤的气氛以及喊出这一句话时的不满、振奋和觉醒，这才是带动听众情绪的关键。

既然带动情绪如此重要，那么当你在演讲中穿插一个故事时，其中情绪的感染能力尤为重要。有些故事原本是虚构的，听众在理性层面会怀疑它的真实性，这就要求你用合适的语气声调赋予它感染力，让它听起来像发生在听众身边的一个真实事件。

故事里会有不同的人物，不同的遭遇，有时是幸福的，有时是悲伤的，这些都是感染听众的笑点或者泪点，所以单单把情节设置得精彩只是第一步，演讲者还要把人物当时的感受传递出去，从而调动听众的情绪。比如讲到悲伤的遭遇时，你可以压低嗓门，表情严肃；讲到人物处于兴奋的状态时，你可以提高嗓门，激情四射，这样一来，听众就会真正走进人物的内心世界，即便这个故事不够精彩，也能打动他们，而你要传递的信息就通过听众的情绪波动得到了强化。

那么，怎样才能巧妙地控制讲故事时的情绪呢？

第一，传递积极的情绪时。

为演讲服务的故事，总要有积极的一面，如果纯粹只是一个悲伤的故事就失去了配合演讲的意义。因为演讲会不是追思会，演讲者需要让听众接收积极向上的信息。所以，当我们将积极的情绪注入故事中时，需要更多地运用高声调，这要求鼻腔和腹腔的共鸣，比如可以练习"哼""斌"这样的字音，因为念到这几个字时可以让鼻腔震动，让你的声调更有魅力，更有助于传递正向的信息内容。

第二，传递悲伤的情绪时。

虽然我们不提倡讲悲剧，但是故事中可以有悲伤的情节。当我们讲述让人情绪低落的故事段落时，可以有意压低嗓门，将语速放慢，这样是为了让听众慢慢地感受这种氛围。如果你讲述过快，会让听众来不及消化。除此之外，你也要控制自己的表情，可以保持严肃的表情，或者带一点点伤感，但是不要表现出如丧考妣的样子，因为你是在做演讲，而不是演话剧，太投入反而会有哗众取宠之嫌。

第三，传递振奋的情绪时。

振奋和积极是两个不同的概念，振奋是感性的，积极是理性的，所以表达振奋的内容时要多借助表情，让听众看到你就会内心激昂。同时你还要将声调适度提高，在某些字词上可以加快语速，甚至可以配合一些肢体动作，这样你的故事就变得动人心魄了。对于大多数演讲者来说，用慷慨激昂的话语去唤醒受众是普遍适用的，但不要过分煽情，不能在故事没有进入高潮时就振臂高呼，否则听众很容易把你当成传销头子。

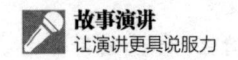

第四，传递深思的情绪时。

演讲不仅要有鼓动性，更要有思考性。因为鼓动受众的情绪只是一时的，当他们从激动的情绪中冷静下来之后，会恢复到常态，甚至会否定刚才自己的表现，所以最稳妥的办法是让受众从理性层面陷入思考。想要达到这种效果，就要用沉稳的腔调和适中的语速去表达，可以插入一两个发人深省的提问，比如"你如何评价故事中的主人公？"或者"听完这个故事你们有什么想法吗？"之类的话，引导受众思考，这样才能深化演讲的主题。

第五，传递震惊的情绪时。

精彩的故事不能缺少情节反转，好的反转能够直接把故事带入高潮。而这首先要求故事本身具有反转情节，而后再借助于带有神秘色彩的口吻来制造悬念。可以多看《经典传奇》《档案》这类的纪录片，模仿主持人在即将揭开真相时的口气和声调，就会很容易使听众的神经紧绷，然后再用稍微抬高的声调一步步抽丝剥茧，加之故事本身的反转情节，自然会让听众倍感震惊，由此被你的故事征服。当然，这种震惊的情绪不是单纯地营造戏剧效果，而是为了打破听众的习惯性思维或者某种传统观念，带给他们全新的认知体验，增强演讲的说服力。

有人认为，传递情绪听起来有些复杂，不如向听众传授知识，这才是"干货"，更能让受众乐于接受。其实，真正的知识都是需要花费大量时间才能获得的，单纯依靠几次演讲很难起到传授知识的作用，而且，稍微理性一些的受众，也不会指望通过听一两次演讲就能扩充自己的知识，他们渴望的是能够获得感悟。感悟虽然是理性层面的，但它能刺激思考，这需要情绪的带动。脍炙人口的电影《肖申克的救赎》，正是因为调动了人们对于主人公隐忍待发、不屈反抗的情绪体验，进而生出了对人生和社会的思考，所以情绪才是最需要传递给听众的。

当然，传递情绪不是唯一要做的，它只是一个载体，你要借助听众情绪的变化去传递某种价值观。听起来，情绪和价值观是完全不同的两个层面，但仔细琢磨就会发现，当你讲述一个见义勇为的好青年的故事之后，听众会被主人公的无畏精神所打动，继而会欣赏甚至接纳故事背后的价值观。再比如，你讲了有关史玉柱二次创业的故事，听众会被他百折不挠的精神打动，随后认识到"反思自我"的重要性。因此，情绪的变化往往是接纳价值观的先兆。

归根结底，演讲者不要费力地向听众传递知识，而是要传递给他们学习知识的动机；演讲者也没必要去传授大道理，却可以给听众讲蕴藏大道理的故事。总之，你的故事只有在受众的情绪上发力，才能激活听众的"冲动基因"，才能让他们产生全新的感悟和认识。

听众在一次演讲中能够保持注意力的时间也就十几分钟，在如此短暂的时间内，无论是知识体系还是价值观体系，都不可能说透、说全，演讲者与其耗尽心力地研究"怎么讲"，不如思考"讲什么"。当你选择讲一个精彩的小故事之后，就会发现听众的注意力提高了，他们被你讲故事时的语气和声调打动了，情绪在不知不觉间和你保持一致，产生了一种精神层面的"共振效

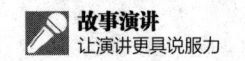

应",这时你再稍加阐述自己的观点,受众就会很容易接受并长期固化在头脑中。每个人都希望被感动,这是生命最原始的冲动和诉求。

4. 打动人心的演讲往往与"获取"有关

人们常说,给予比获取更让人感到幸福。虽然这句话的本意是从道德层面上讲处世之道,即要有奉献精神。但是,如果你问一个在图书馆准备考研的学生:给予和获取哪个更重要?相信他一定会告诉你获取,因为此时的"给予"和"获取"是文化知识层面的,人类天然的求知欲决定了我们更看重"获取"。那么,当一个人去听一场演讲时,他更看重的是"给予"还是"获取"呢?

我们先不回答这个问题,来比较一下演讲和销售的区别。有很多人认为销售和演讲的技巧是通用的,因为二者确有很多相似

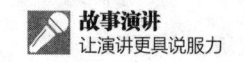

之处：第一，说服对方；第二，讲究沟通策略；第三，有明确的目的性。不过，演讲者和销售员有一个最大的不同，那就是销售员是为了索取，而演讲者却是为了给予。当然，反过来看，演讲者的给予其实就是听众在"获取"。

如今是一个信息高度发达的社会，人们很容易获得各种各样的信息，也正因为信息泛滥，导致人们的识别效率降低。比如我们今天看到一个新闻报道，明天就可能会被认定为谣言，后天很可能又会出现反转。所以，人们渴望获得更有价值的信息，而这正是演讲者最应该提供给听众的。另外，受到"分享经济"的影响，听众会下意识地认为，演讲者分享有价值的信息是一种网络共享精神的延伸，谁分享得越多，谁就更容易获得认同。

获取，就是演讲者打动受众的关键。

当演讲者面对听众的时候必须要考虑他们最渴求得到什么——是能够引发对方思考的新观点，还是给予对方做某件事的动力。

有一个矛盾的现象是，受众虽然知道他们想要什么，但是他们往往不会直接说出来，因为这会暴露出他们在某些方面的不足，这就需要演讲者主动去给予。这里有一个主动和被动的差别，也能体现出演讲者对受众的了解程度。因为每个人都愿意获取有价值的东西，所以当你做演讲的时候，受众天然就存在这种期待心理，只有当你满足这种期待时，你的演讲才称得上成功。

那么，如何让受众满足"获取"的需求呢？通过故事。为什么？因为只有故事才能最简单、最直接地打动人心，而长篇大论很容易让听众产生抵触心理。想象一下，当你面对一群有意参加

第一章
高效演讲：好演讲背后一定有好故事

会计自学课程的客户时，你的演讲应该以什么为主题呢？不是讲述参加课程以后前景多么光明，这个角度很抽象，不易打动人。不妨讲一个年轻人每个月都会收到弟弟的学习汇报，因为弟弟的学费和生活费是年轻人资助的，他有这个财力正是因为自学会计以后谋求到了理想的职位，通过帮助家人让他"获取"到了欣慰和满足，圆满了自己的责任感，这种来自亲情的温暖回应就是真实的"获取"。故事讲完了，你的潜在客户也"获取"了他们所关心的问题的答案，他们购买的意向就强化了。

现在答案很清晰了，故事能够满足受众的需求，那么如何完成这个满足的过程呢？

第一，聚焦内在需求。

内在需求也是需求的一种，但它是一种更为强烈的需求，它和外在需求是相对存在的。打个比方，一个女孩想要变美，购买化妆品，进行美容手术，这些可以看成是内在需求；当她进入某个公司之后，要求定制一套工装，这就是外在需求。对于女孩来说，内在需求是发自内心的，是不受客观环境限制的。如果你是一个演讲者，把话题都集中在如何选择工装上，你觉得这个女孩会有强烈的兴趣去听吗？反之，如果你讲有关美妆和美容的事情，女孩的兴趣就会被充分调动起来，当你为她答疑解惑之后，她自然会信任你。

同样，我们在演讲中选择的故事，一定要锁定在受众的内在需求上。比如，你想让高校里的一些年轻学子加入你的社团，就不要把话题扯到"参加社团能得到多少好评"之类的内容，而是

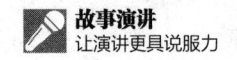

应当把话题集中在"参加社团可以获得更多加分"上,这正是大多数高校学生的内在需求。再比如,当你讲一个发生在社团里的惊艳爱情故事时,学生们能不为此动心吗?这就是先聚焦内在需求,再用故事满足受众获取感的模式。

需要注意的是,在演讲中不要对听众的情绪波动预期过高,即便你准备的小故事个个精彩,也会受到现场氛围、临场发挥以及其他意外因素的干扰,所以你要在满足获取感的过程中,有意唤醒他们对"获取"的意识。比如:"我讲的这个故事对你们的升职很有帮助……"借助这个提示,听众就会猛然意识到你演讲的价值,从而主动跟着你的思路走下去。

第二,在故事中构建亮点。

受众在听你演讲的时候,多数人都会自问:我能从你的演讲中得到什么呢?从这个角度看,你单单锁定了受众的需求还是不够的,还要通过在故事中设置亮点,让他们意识到这个故事与众不同,似乎暗藏着更深刻的道理。换句话说,你借用一个卖点放大了故事给予听众的价值,让他们产生"不听这个故事我就会错过什么"的感觉,而这才是演讲者有效引导听众跟随自己思路的关键。

打个比方,你在一个小型的学术报告会上,谈论有关先秦文化的研究成果。你准备了一个有关巴蜀文化的故事,但是听众对此并不陌生,这时候为了强化给予的价值,你不妨这样开场:"我有个朋友,参加过三星堆遗址的发掘工作,他亲身经历了这么一件事……"因为三星堆被称为世界第九大奇迹,是巴蜀文化中最神秘的一部分，用朋友的亲历作为故事的卖点，当然能吸引受众的关注了，大家都会认为这个不同寻常的故事会满足更多的"获取"需求，你的演讲也就更具有吸引力和探讨价值了。

第三，把听众留在座位上。

虽然听众都希望通过你的演讲满足获取感，但也正因为如此，他们对你的演讲会更加苛刻，一旦发现你传递的信息不是他们想要的，他们很可能会丧失兴趣，甚至拂袖离去。当然，有时候不是你找错了需求，而是在你讲故事的时候听众产生了误解，或者是失去继续听下去的耐心，那么你就要引导听众的情绪，让你有机会把有价值的信息表达出来。

打个比方，你正在做一个有关低碳经济的演讲，还未说到你要提出的最新理念，听众就表现出躁动，这时如果按照原计划说下去，可能会流失听众，那么不妨这样说："我突然想到一个问题，你们家里有循环不死的垃圾吗？"因为"循环不死"是一个很奇葩的字眼，听众肯定会觉得好奇。这时候你再说："我说的循环不死，就是经过二次甚至三次利用的垃圾，比如易拉罐，被改造成牙膏筒，又被改造成牙签罐，反正它就是赖在你家里不走，怎么看都有用……"这样突然插入的话题，会刷新听众之前的认知，他们会不由自主地回味你正在讲述的故事，然后忽然发现自己曲解了你的意思，对你的演讲就有了继续听下去的价值。

第四，纠正错误。

纠错听起来是一件容易让人反感的事情，但是如果巧妙地指出听众的错误，也等于变向提供了有价值的信息。如果你本身具

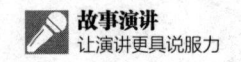

有很高的权威性，那么听众很乐意接受，甚至会在你演讲之前期待自己有错误的认识被纠正。如果你不具有权威性，那么就要着重从一个真实感强的故事入手，让听众平静地接受，而不能采用简单粗暴的方式，因为听众的很多认识往往来源于他们的个人经历，想要用几句话否定他们并不容易，只有通过生动故事的讲述效果才更佳。

事实上，人们并不排斥新的认识，关键在于如何传递。比如，你想给听众介绍有关癌症的知识，那不妨从你医治的某个病人说起。如果你不是医生，也可以从一个朋友的经历说起，这样的真人真事符合心理学上的"鲜活性效应"。所谓鲜活性效应，是人们的一种认知偏差：在客观数据和身边案例之间更倾向于后者，是一种非理性的决策倾向。演讲者借用身边人的故事，往往比拿出专业的分析数据更有说服力。

第五，授业解惑。

大多数人确实讨厌说教，但在有些场合人们又渴望学习一些知识和了解他人的心得体会，尤其当演讲者的职业、身份以及阅历具备满足这种需求的条件时，只要演讲者善于启发、输送思想，不少人还是愿意当一回"三好学生"的。从某种角度看，传道解惑也是灌输教育的一种，只是为了增强学习的趣味性，还是要以讲故事为主，用和课堂上截然不同的精彩故事重新演绎教学过程，让演讲的学术性得到提高，让听众沉浸其中。

举个例子，你组织了一场文史知识的演讲，内容是太平天国运动，而在座的听众都在初高中接触过这段历史，这时你就不要再讲和课本重叠的内容了，而要切换一个新的角度，比如站在湘军、淮军等"对面角色"的立场上，重新审视这段历史，听众就会不知不觉地把演讲现场变为求学的课堂。而你作为演讲者，为他们创造了一个额外的需求——补充上学时没学到的历史知识。

作为演讲者你是否想过：当你口干舌燥地讲话时，听众的时间同样在被你占用，你和对方都在付出精力和时间。如果你不能提供给他们有价值的信息，那就是在浪费对方的时间，所以你必须在最短的时间内打开受众的内心世界，让他们不虚此行，获取新的认识、新的动力以及新的体验。

5. 不要讲道理——故事才是演讲的血肉

我们听过很多道理,却依然过不好这一生。

这句曾经在互联网异常火爆的话,描绘出一副众生相:人人都听过大道理,然而轮到自己需要用道理开解时,却一个个选择性失明,仍然用自己的那一套去看待和解决问题。那么,究竟是大道理不管用,还是我们的潜意识故意和它作对呢?

其实,和大道理对抗的不是我们的潜意识,而是我们的情绪。

情绪从来就不是一个乖乖女,往往不受逻辑思维的控制,当我们听到某个大道理的时候,仅仅是理性脑接受了,情绪脑却无动于衷,因为它没有被感动,更没有被激励。所以当大道理上场时，情绪就会起身而去，干它想干的事。归根结底，情绪脑没有被大道理"感化"，所以才会任意妄为。

我们的情绪脑需要的不是大道理，而是好故事。

从心理层面上讲，多数人更容易受到情绪左右，你的听众也是如此。当你挥汗如雨、滔滔不绝地讲述大道理的时候，你的听众很可能是一头雾水或者冷漠麻木，你以为的大道理是你个人经历的体验和总结，你以为你向听众贡献出了"干货"，其实恰恰把最重要的东西拿走了——你获得大道理所遭遇的故事，你的演讲就失去了意义。另外，由于每个人年龄、身份、知识结构、阅历等因素有差异，同样一个大道理很难被所有人理解。

有一本书叫作《故事思维——影响他人、解决问题的关键技能》，被誉为故事思维的奠基之作。作者在书中表达了一个核心观点：讲道理永远比不上说故事，因为只有故事才能赋予机械化、冰冷的数字以温度，让人们在听故事的同时，内心深处最柔弱的地方被震撼到。

没有打动人心的故事，就无法影响别人，我们需要首先关注他人的情感。

很多小孩子都喜欢听睡前故事，却从未听说哪个孩子喜欢听"睡前道理"，因为只有故事才能走入他们的内心，才能带给他们睡前的满足感，让他们在长大之后还能记忆犹新。他们记住了故事，也就记住了其中的道理。

你在做演讲的时候，无非是在向受众传达三个要素：观点、主张、论据。观点是你要客观陈述的、对某个事实的看法；主张

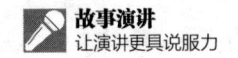

是你想给受众的建议或者意见；而论据则是支撑观点和主张的信息来源。不论你的口才多么出众，如果你的论据不足，最多也只能忽悠一下阅历浅薄的少数受众，对于多数人是没有说服力的。在我们剖析了这三个要素之后发现：观点是脊柱，没有它就没有演讲的主题；主张是肋骨，没有它就没有做演讲的初始目的；论据是血肉，没有它，受众就不会信服你所表达的一切。

那么，最好的论据是什么？当然就是故事。

人类古老的智慧，大多都是以寓言、童话等形式流传下来的，可见讲故事是传播思想的重要手段。我们提倡的故事思维，就是通过故事将我们要传递的信息保留下来，它对听众的影响结合了视觉、听觉等多种感受方式，最后触发听众的情感，使听众获得丰富多样的认知和体验，如同听了一段精彩的评书，或观看了一部商业大片，而干巴巴的道理就是一小段文字介绍而已。

如果你的孩子感冒发烧了，需要吃药，可是药太苦，孩子不爱吃，你该怎么劝说他呢？讲退烧药的药理药效？还是分析持续发烧的恶果？显然，孩子是笃定不吃这一套的，那你该怎么办？不如讲一个小熊宝宝生病了，熊妈妈为了治病给它到处寻药的故事。孩子既愿意听，也会下意识地模仿，这时再讲一点医学常识，他们就会欣然接受。

有人说，这是对付小孩子的招数。其实，通过讲故事来说道理，对付大人同样有效。

连刚是一家耗材公司的质检经理，最近他发现公司生产的代用墨盒质量很差，不仅偏色，还会对打印机造成损害。连刚认

第一章
高效演讲：好演讲背后一定有好故事

为，如果这种情况被消费者发现，会极大地影响产品的销量。为了避免发生此类现象，连刚召开了一次会议。员工们自然知道开会的目的，不过大家都认为偏色是代用墨盒的普遍缺陷，而损害打印机是需要时间才能检测出的隐患，用户未必会马上发现，所以不会影响产品的销售。连刚觉察到了这种心态，所以他没有在会议上直奔主题："在我们正式开会前，我先讲个故事，让大家放松一下。"连刚说到这儿，与会人员都愣住了，连刚接着说："二战期间，美军伞兵使用的一批降落伞出现了问题，经常会发生事故，造成意外伤亡。美军司令雷霆震怒，命令负责生产降落伞的工厂严把质量关，在厂方和军方的共同努力下，降落伞的合格率被提高到了99.9%。按理说这是一个质的飞跃了，但是司令官还是不满意，他认为合格率应当达到100%。厂方一听就不乐意了，他们认为目前的合格率已经是极限了，而且世界上根本就没有百分之百完美的产品。军方对厂方的说辞没有正面回应，而是改变了检测方法，什么方法呢？在检查降落伞的时候随机抽出一个，然后让工厂负责人背着它从飞机上跳伞，最后你们猜怎么样？降落伞的合格率真的达到了100%。"

连刚讲完了这个故事，停顿了一下说："如果哪一天你们用打印机打印孩子的生日照片，结果从里面冒出来一个绿娃娃，你们是不是该怀疑孩子抱错了呢？"大家一听都笑了，然后很快就陷入了沉默。这时连刚说："你们都是聪明人，希望这个故事能给你们启发，散会。"还未等连刚走出会议室，很多员工都主动来到他面前，表示会加强对产品的质量管理。

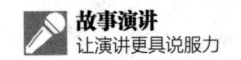

当我们做演讲的时候，我们面对的是受众而非信徒，也就是说他们的理念很可能和我们不一样，甚至截然相反，所以他们会为自己天然地设下一道"保护屏障"。尤其是当我们说出"我认为""你们应该""大家最好"之类的字眼时，就是正面和他们的认知体系相冲突，或许你运气好能撞翻一两个人，但绝不可能撞倒大多数。

要想把我们表达的信息植入听众的大脑，就要想办法绕开这道屏障，这时就要用到受众最能接受的方式——生动有趣的故事。因为生动，他们会提高兴致；因为有趣，他们会不断回味。当你把故事讲完了，再简单地阐述一下道理，听众就会自行感悟其中的道理。成功的演讲，就是一次精彩的故事会。你要把听众带到你的故事里，让他们感同身受，这样才能达到传递信息的目的。

没有人喜欢悲伤，但人们却愿意为悲伤的故事流泪。没有人喜欢听大道理，但人们却喜欢从精彩的故事中感悟人生的真谛。

6. 破坏演讲的四大错误

"木桶理论"是大家耳熟能详的概念，我们在现实生活中也对此深有感触：一个人纵然有再多的优点，可如果配上一个致命的缺点，也会极大地影响他的前途和社交。同样，一个演讲者如果犯了"不可饶恕"的错误，即便他之前讲得动人心魄，也会瞬间被听众抛弃。

有些演讲者会有这样的体验：当他在台上声情并茂地讲故事时，无意中用余光瞥到了听众失落的表情，顿时感到恐惧和茫然，不知道自己究竟哪里说错了。当然，这个演讲者可能是一个雄辩高手，也可能是一个讲故事的天才，但他可能忘了自己的故事并没有达到为演讲服务的目的,这就是演讲的"错误"。

演讲主题如同故事的灵魂,它帮助你设计情节和塑造人物。而故事是演讲主题的载体,它能帮助听众理解你要传递的理论、观点和情怀。如果你的故事"生病了""犯错了",就会直接破坏你演讲的价值和意义。

故事演讲中有常见的四大错误:

第一,故事主题与演讲主题无关。

故事的主题一定要和演讲的主题相契合,这才是它存在的意义,否则听众会认为这个故事只是用来活跃气氛的。比如,你想通过一个牧师传道的故事教听众心怀善念,可说着说着却将重点放在了基督教义上,听众就会弄不清这个故事的主题和你的演讲主题有什么关联,他们就很难认真听下去。

第二,没有清晰的内在逻辑。

不管是长篇故事还是短篇故事,它们都有自身发展的内在逻辑,这个逻辑是为了让听众更好地理解故事而存在的。然而有的演讲者思维比较跳跃,会讲着讲着就绕过了正常推动的情节,让听众还没有消化完之前的内容就要接受新的信息,导致他们很难跟上演讲者思维的节奏,最后变得晕头转向,再也无法集中注意力听下去。比如,你做了一场有关亲子教育的主题演讲,讲了一个发生在大家身边的育儿故事,可讲到一半的时候又扯上了如何协调夫妻关系,扯了半天才回到教育孩子的主题上,这样一来就让整个故事失去了流畅性和统一性,你之前做的铺垫也会失去作用,因为你把听众的思维给打乱了。

需要注意的是，故事的内在逻辑并不是要求平铺直叙地发展，而是要让听众能够以正常的思维去认识，因此该埋下的伏笔还是要埋下，需要反转的情节一定要反转，但你要让听众听得懂。打个比方，你讲一个劫匪在最后关头良心发现的故事，这可以作为情节反转，不过你要让这个转变有合理的解释，不然听众会疑惑地问："他之前那么凶，怎么就突然变好了呢？"

第三，过于拘泥细节。

有些演讲者在讲到自己熟悉的内容时，往往会不自觉地进行延伸，这种延伸如果掌握好尺度还是有益处的，它能够帮助听众扩充知识面，有助于听众理解你的演讲主题，但如果延伸得太多，就会让故事的结构失衡，甚至会让听众认为你在有意卖弄，这对你接下来的演讲会十分不利。当然，这不是说细节可以彻底舍去，而是要掌握好占比。比如你讲了一段有关乔布斯的故事，可以适当插入一些对于技术创新的介绍，但是要定位为"科普小贴士"这种量级，而不能当成一篇技术论文，因为对于这些细节的过多描述不但对你的演讲无益，反而会脱离主题。

第四，过于冗长。

有的演讲者喜欢讲述长篇故事，他们认为篇幅越长信息量越大，越有助于听众理解自己要表达的信息。其实，故事的价值不在长短，一个精炼的短故事同样可以传播足量的信息，而一个又臭又长的烂故事，只能让听众崩溃。

听众拿出自己最宝贵的时间来听你演讲，是出于对你的信任。如果你未能利用好这个交流机会，你的演讲就会彻底失败。

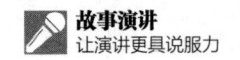

换句话说，当你辜负了这种信任时，你就不是一个合格的演讲者。

故事演讲的四大错误，只要犯了其中的一条，就会降低听众的体验感，他们会认为你的演讲内容是没有价值的，即便你认真准备了材料，也会因为故事讲得太糟而被听众抛弃，很难得到听众的谅解。比如，你讲了一个和理财有关的故事，紧贴主题，足够短小精悍，也没有拘泥细节，然而故事本身却存在致命的漏洞：故事的主人公原本是一个很会算计、缺乏远见的人，他却很有眼光地买了只有少数人参保的险种。这时听众一定会认为这个情节安排和人设严重不符。结果怎么样呢？你的这个故事从逻辑上讲就很难成立，那么价值也就没了。至于其他错误，你虽然没有犯任何一条，但是对听众而言也没有意义了。

要想避免犯下这四大错误，那就要注意三个问题：

第一，照顾听众的利益。

当你只考虑如何让故事为自己的演讲服务时，就在客观上忽视了听众的利益，从而接连犯下错误。所以要从听众的角度出发，多想想"如果我是听众，我想听到什么样的故事"之类的问题，就能规避一些错误的故事思维。当听众意识到你的演讲是真心为他们解决困惑时，他们才会尊重你的劳动。

第二，做好准备。

有些演讲者本可以避免犯错，但是因为准备不足，没有事先进行演练，导致没有发现一些致命的问题，等到演讲时才发现已经来不及了。为杜绝这种现象，演讲者在正式演讲之前，要对所要讲述的内容做好准备，避免在逻辑上、故事结构上犯下错误，及早地发现问题。而且，准备工作是随时都可以调整的，当你走进演讲的场地之后，可以根据听众的人数、现场环境等临时因素对演讲计划做出微调，这就是原则性和灵活性的统一。

第三，不要让听众过多思考。

演讲的主要作用是引导听众思考，而不是让他们自发地思考，因为在短短的个把钟头甚至更短的时间里，你不可能对现场的每一个听众都进行"洗脑"，他们原有的知识结构和经验阅历会抵触你传递的信息。所以你要让他们用你提供的信息去思考，这样才能把大家思考的重点集中在你的演讲主题上，才能凸显你作为演讲者的导向作用。

当然，"四大错误"只是讲故事中常见的、最为致命的错误，并不意味着你不犯这些错误就能成为一个讲故事的高手。归根结底，为你的故事和演讲打分的永远是听众，只有让他们获得舒适愉悦的体验，你的演讲才算成功。

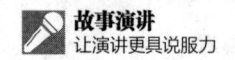

7. 如何表现"故事思维"?

如今是一个消费升级的时代,消费者购物,不仅仅是为了产品本身,更是为了产品背后的情怀和认同感。比如褚时健的褚橙,很多人购买它是被褚时健的励志故事打动了。所以,营销一个产品需要一个好故事,同样,演讲也需要用故事思维去加工信息,才能让原本平淡无奇的语言变得生动,让你的演讲更加吸引人。那么,故事思维到底是如何表现的呢?

第一,用肢体语言来呈现。

从表面上看,讲故事靠的是一张嘴,其实也离不开你的肢体语言。就像评书一样,大师们不仅要用生动幽默的语言去描述画面，还要用活灵活现的动作去表演画面，这样才更有戏剧的感染力。一个精彩纷呈的故事，是需要丰富的肢体语言来配合的。比如，你向听众讲主人公掉进一个大坑中想要自救，单是用语言描述他当时的处境是不够的，还需要加上向上攀爬的动作，这样才更便于听众身临其境，感受主人公的恐慌。不要认为肢体语言是多余的、可笑的，听众希望用眼睛看到更多的东西，这样才能刺激他们的想象力，否则故事的感染性就会大大降低。

再打几个比方，你讲到一个程序员彻夜加班的情节时，如果你的双手模仿快敲键盘的动作，那听众就能感受到那种叫人发疯的忙碌；你讲到一个送餐小哥飞快地给用户送餐时，如果加上双臂和双腿的摆动，就能让听众感受到那种忙乱。你的双手、双脚和躯干，都可以配合你的讲述发挥作用，它们都是传递信息的载体。

第二，用表情来传达。

根据科学研究，人的面部表情所传达出的情感，比其他形式更真实也更深刻。换句话说，人的面孔就是最有感染力的沟通工具：你微笑，传递出愉悦欣喜的情感；你皱眉，传递出质疑不满的情绪；你撇嘴，传递出不屑轻视的态度……人类的表情几乎是通用的。

如果你只是死板着一张脸滔滔不绝地讲话，台下的听众会是什么心情呢？人们会认为，你自己都没有进入到故事里，如何把听众代入到故事中呢？你的表情越丰富，才越能体现出你真正投入到了演讲当中，你讲述的故事中的人物，也会在你的扮演下走

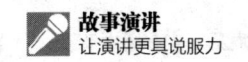

近听众。想想看，当你讲到一对热恋中的情侣在郊外散步时，如果半闭上眼睛，是不是很多人也会想起自己的初恋呢？当你讲到一位天使投资人被无良的创业者欺骗时，如果露出失落的表情，听众是不是更能感到理解与同情呢？

有人可能不擅长表情管理，认为在演讲的时候讲故事已经有些"跑题"了，不是正统的演讲，现在却还要眉毛乱动、眼神乱瞟，这不是在说相声吗？其实很多人忘了，"演讲"二字的含义中，本身就包含着"表演"和"讲述"两方面的内容：只讲不演，就失去了生动性和趣味性；只演不讲，又会变成一出哑剧，让听众不知其所以然。对演讲者来说，内容虽然是第一位的，但是没有配套的表情会让内容变得十分枯燥，而这也脱离了故事思维，很难达到预期的目的。

第三，让人们感受到故事里的味道。

一个精彩的故事，一定是让人身临其境的故事，可以把听众的感官充分调动起来。比如你讲到了柠檬，可以把它的酸涩描述出来，听众就会根据记忆流出口水；你讲到了一桌美味，可以大肆描述一下菜肴的色香味，让听众产生饥肠辘辘的感觉……总之，要充分调动听众的各种感官，让他们不仅能看到故事，还能闻到甚至尝到故事。

第四，用细节打动听众。

有人认为故事不是报告文学，更不是论文，不需要很严谨，所以在讲故事时总是忽略掉一些"细节"，而这些恰恰是能够让听众感受到故事真实性的关键。比如，你讲一个内容创业者做公众号的故事，如果说"他工作了整整一天"，大家对此不会有什么感觉，而如果说"他敲完最后一篇稿子的时候，两只手都伸不直了"，这样的讲述效果就要好很多，因为会有一些听众体验过类似的感觉，能够理解主人公的状态。

人们都说，细节决定成败。一个故事能否打动听众，跟细节息息相关。当你准确地用细节去打动听众时，他们会认为你的演讲是做了充分准备的，你是一个善于观察生活、擅长洞察人心的人。自然，听众也会对你表达的信息产生信服感。

第五，增强真实感。

选择一个真实发生的故事是最好的，因为它的可信度最高。但是有时候，我们没有真实的故事，那就只能选择一些无法证实的故事，它们可以是虚构的，但必须具有合理的逻辑，也就是说故事中的人物要符合正常人的思考方式，不能跳出听众的理解范畴，要让听众感觉像是真实发生的故事，否则你的故事就会失去可信度，你的演讲也会被大家认为是无价值或者低价值的。

故事思维的核心在于，让一个故事从文字变成画面，从道听途说变成眼前呈现，从缺乏考证变成可学习借鉴，从单调乏味变成引人入胜。一个优秀的演讲者，不仅要擅长讲故事，也要擅长让听众"听故事"，引导他们关注故事中最应当被记住的部分，唤起他们的想象力，激发他们主动思考的意识，让自己的演讲在故事的陪衬下变得既深入浅出又耐人寻味。

第二章
Chapter 2

为有说服力的演讲做准备

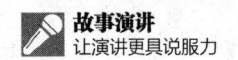

1. 技巧

亲身经历——与听众建立一对一关联

如今是一个定制时代，标准化的产品和服务已经不能满足一些消费者的差异化需求，所以商家会为消费者量身打造他们需要的消费品。作为精神文化层面的演讲，同样也要向这些商家看齐：拒绝标准化，走向定制化。这既符合时代潮流，又迎合人类的心理特点。

当然，有人会提出反对意见：对演讲者来说，听众的数量永远会超过自己，所以演讲是一种点对面的交互方式，根本不可能

第二章
为有说服力的演讲做准备

照顾到每个个体，如何推行定制化的演讲呢？其实，这是对定制化的一种错误理解。定制化并不是要求你照顾到每个听众，而是根据目标人群来调整演讲重点，从而让演讲内容与听众最大限度地契合。

国外有一个名叫康威尔·罗李的人，他曾经做过6 000次以上的演讲，而且演讲的内容相同。然而他并没有扮演一个"人肉复读机"的角色，而是针对每一次的不同情况，对演讲内容进行调整，从而满足不同层次和品位的听众。那么，他是怎样做到的呢？他在演讲之前，会先拜访当地各个阶层的人物，上到政府官员，下到理发师，和他们聊天，了解他们对演讲的期待，最后将这些信息进行汇总，调整他的演讲内容。

从这个案例可以看出，康威尔·罗李照顾的不是某一个人，而是面向一个群体，他的演讲技巧就是尽力满足每个群体，让自己的演讲内容符合听众的心理预期，这是一种一对一式的关联。当然，所谓的一对一不可能是在演讲前拜访每一个听众，而是通过抽样调查的方式，将具有代表性的听众选出来，根据听众的特点调整演讲内容，不让演讲脱离受众的理解和体验范围。

换个角度看，一对一关联，就是让每个听众都认为演讲者是在为我演讲，而不是为别人演讲，从而在彼此间建立一种认知层面和精神层面的连通。想要达到这个目的，需要在讲故事时既找到让大家都能认同的共性，又让大家觉得演讲者不是泛泛而谈。这涉及四个技巧：

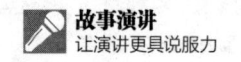

第一，缩短心理距离。

罗李认为，想让演讲成功，需要缩短演讲者和听众的心理距离，也就是多提及听众熟悉的事情，这样才能让听众觉得演讲者了解自己。这才是一对一"辅导"，否则听众会认为自己在旁听别人家的"课程"。

如果你的演讲涉及跨地域的情况，那么你选择的故事就要带有地域特点。比如你去重庆做演讲不妨讲讲川渝文化，你去云南做演讲可以讲讲少数民族……这样听众才会和你产生亲近感，认为你提前做好了功课。比如你讲一个古老的川渝故事的时候，可以现场提问："请问在座的有哪些是成都人，哪些是重庆人呢？"有人举手后，你可以根据不同地方的特征结合你的故事来解读，这样听众会意识到你没有将川渝人"一概而论"，而是有着更加细致的划分。

如果你的演讲针对某一个行业的受众，你当然要选择和该行业相关的故事，但是为了顾及每个人的感受，可以在故事中针对不同的小群体细化故事。打个比方，你作为培训师要做一个"如何应对客户砍价"的主题演讲，你面对的都是销售人员，而他们的从业经验可能不同，有的刚入行，有的经验丰富，那么你选择的故事就要照顾到每个群体："我讲的故事里，有三个销售员，甲是一个新手，乙入行三四年，丙从业十年，打算干最后一票了……"这样一来，无论哪个阶段的销售人员都觉得这个故事和自己有关。而这正是"一对一"的神奇力量——让演讲者成为"私教""私人助理""私人医生"，你的听众怎会不聚精会神地听呢？

缩短心理距离的关键在于，从听众所熟悉的生活环境、行业知识等信息入手，经过细致的选材和加工，让每个人都能享受到一场"视听盛宴"，这样自然就能紧紧抓住他们的心。

第二，构建共同点。

人和人之间的距离之所以能够拉近，很大程度是因为在对方身上看到了自己，比如相近的三观、相同的爱好、相似的经历等，这样就会弱化听众天然的警惕心理和防御心理。作为演讲者，面对一大群陌生人的时候，即使顶着"权威"头衔，听众在心理层面还是会和你保持距离，这种距离感将你与每个受众个体都隔开了，所以你必须寻找共同点去打破距离感。

前英国首相麦克米伦曾经在印第安纳州德堡大学的毕业典礼上做了一次演讲。他在开场白中提到了自己的家世：他的母亲出生在印第安纳州，外祖父是德堡大学的毕业生。发现什么了吗？麦克米伦有意地和很多听众构建了共同点：印第安纳州人、德堡大学的学生。通过这一点，麦克米伦希望听众能"融入其中"，与自己拉近距离。这种介绍家世的开场白也可以看成是一个小故事，而麦克米伦成功地用故事打消了和受众的天然屏障，他的演讲自然也会受到欢迎。

第三，让听众参与到故事中。

你所准备的故事，应当让在场的每个受众都能产生代入感。不能让他们感到很遥远，以至于无法理解，这样作为辅助手段的故事就失去了应有的价值。打个比方，你要做一场以健身为主题

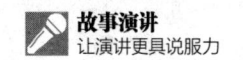

的演讲,借助一个从不锻炼的人通过健身改变生活的故事来表达中心思想,那么在这个故事里,你需要让大部分受众都成为其中的角色。比如对于主人公的职业,你可以这样表达:"我跟大家说一个真人真事,他像你们一样都是话务员……"或者主人公的年龄、生活经历等。也就是把故事中角色的所有特点拆开,安插到每个人身上,这样听众才会觉得这个故事对他们来说有借鉴的价值。你不能对着一些年龄超过五十岁的人去讲保养皮肤的知识,也不能对着不怎么旅游的人讲一群驴友的故事,这样只能让你的故事看起来更像是事故,你的演讲也就失去了吸引力。

第四,让听众被平等对待。

演讲者有时候会比听众地位高、年龄长、职务高,但这不能成为轻视听众的理由。即使你能给予听众很多有价值的信息,双方的地位也应当始终是平等的。那么,如何创造平等的氛围呢?需要演讲者用合适的口吻去表达,而不能用让人不适的措辞方式和语气,比如说教式的、领导式等。真诚是演讲者最佳的沟通方式,因为真诚才能让受众察觉到你的善意,他们才会认为你们之间是平等的,而这种平等是针对每一个人的。如此,你才能成功地传递出"一对一"的尊重感。

一对一关系的构建,其实就是让听众进入到你的故事和演讲中,创造出一个和谐融洽的沟通平台。让信息以交流和分享的形式传达给每一个人,而不是强加给他们,这样的演讲才是走心的演讲,因为它具有强烈的真实感和回味性,听众会不由自主地吸取其中对自己最有价值的部分。

情景设定——用最直观的方式让听众理解

"触景生情"是我们经常听到的成语,也被当成一种艺术手法运用到影视剧中:主角故地重游,回忆起了某个已经死去或者离开的角色,观众也被这个情景所打动,流下同情的泪水……在这样的桥段中,演员的表演是一方面,情景的重现是更重要的一环。

一个会讲故事的人,是一个能把听众带入到环境中的人,只有身临其境,故事中的人物才显得真实,情节才显得可信,故事背后蕴藏的道理才能深入人心。演讲者和听众之间的信息传输,很大程度上受到实时环境的影响。也就是说,只有演讲者和听众保持相近的感受和体验,才能进行信息的"无损传递",否则会让听众置身事外,难以和故事中的角色产生共情。

演讲的感染力,正是在情感交互中发挥作用的。一个成功的演讲者,能够将情境这种看似虚无的东西,转化为故事中最不可或缺的辅助因素,凸显自己要表达的内容。想要达到这个目的,可以借助六种手段。

第一,借用天气代入。

如果你在一个寒冬做一场有关创业的主题演讲,可以这样开场:"2020年开始的三年疫情是著名的创业寒冬,就像今天一

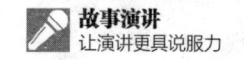

样，冻得我们浑身瑟瑟发抖。呼出的气是冷的，但心里的血不能是冷的。我讲的就是一个创业团队如何在这种环境下逆境求生的故事……"听众顿时就会通过生理感受代入到创业情境中，就会关注起故事中人物的命运。

第二，借用自然环境代入。

如果你去某地做一个有关物理学的学术演讲，可以借用当地人熟知的高山大川作为故事的情境元素，比如可以这样说："大家都知道弦理论存在着很多未解的奥义，在座的各位也都有各自的理解。如果把我们的古城看成是一个粒子，它本来是一个整体，突然有一天，古城按照一条条街道被拆分开来，而有人告诉你们，这些街道比原来的古城更小，而且还是呈线状的，研究它更有意思，这个人就是在讲弦理论。"用古城、街道讲述弦理论，既让当地人易于理解，又形象地解释了你对弦理论的认识，那么接下来的故事就会生动有趣了。

第三，借用现场突发状况代入。

演讲中随时可能发生意外，这些意外并不在你的计划之中，但是只要你用心，就可以把这种意外转化为讲故事的素材。比如有人中途离场，有人不礼貌地插话，或者是音响设备出现了问题等，你都可以把这些信息加入你要讲述的故事中。最常见的句式就是："我要讲的故事和刚才发生的事情一样"或者"大家对刚才发生的事和我讲的故事有什么看法呢"，这样听众就会快速地将两件看似毫无关联的事情联系到一起，有助于消化你传递的信息。

第四，借用道具代入。

在某一次演讲比赛中，一位演讲者在讲述爱情美学原理的时候，提到了很多人都是颜控而忽略了内在美。为了强化说明，他指着现场摆放的塑料花说："大家看，这些花很漂亮吧？可是它们是假的，没有生命力，这和我刚才提到的有些人只关注外表而忽略内在的情况不是一样的吗？"借用这种方式，大家很容易就理解了爱情美学的真谛，也佩服演讲者的表达能力和技巧，这比讲一大堆理论更直观，也更深入人心。

对演讲者来说，获取一个道具并不难，难就难在能否发现这些道具的潜在价值，在道具和演讲主题之间建立联系。

第五，借用类比代入。

在某地大渠竣工的典礼上，一位领导在讲话中说："人们常常将山水并举：山清水秀、水连山、山水难分。"说到这里，领导指着台下的群众说："就如同我们人类，必须有男有女才能构成一个完美的社会，有夫有妻才能组成一个圆满的家庭……现在'渠成水到'，水绕山行，水欢山笑。山山水水为我们开辟幸福大道。"领导用男女关系来比喻山水，既没有脱离主题，也通俗易懂，表达效果精妙，让听众能够透彻地理解主题思想。

讲故事的时候必然会涉及一些故事角色，如果这些角色能够和现场的某个人联系到一起，那么对听众理解你要表达的中心思想将大有裨益。当然，这个比喻不能以讽刺、嘲弄对方为前提。比如你可以这样说："我今天要讲一个自学成才的故事，主人公和你们公司的小王十分相像，都是年轻好学的学霸……"借用这

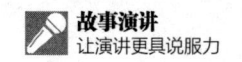

种代入，听众会不由自主地把两个人物联系到一起，就会降低讲故事的时候刻画人物的难度。

第六，借用演示法代入。

所谓的"演示法"就是借助手中的物品进行演示或者表演，物品可以是演示的对象，也可以是演示的道具。2007年，乔布斯在苹果公司全球开发者大会上，发布了代号为"花豹"的新版OSX操作系统。当时他讲述并演示了其中的一些新功能。不过乔布斯没有单纯依靠幻灯片，而是坐下来亲自演示给大家看，让人们清楚地了解新功能究竟是怎样的，博得了现场的好评。

同理，你的演讲主题有时也会关联到一些有形的物体，你可以把有形之物拿到现场，帮助听众理解它们的功能等。现场演示实物功能不仅可以用于商业产品上，甚至可以是一些社会性的无形之物。比如你讲述校园暴力的主题，看似没有实物可以用来直接演示，但是你可以借助一部手机进行代入："大家都看到我拿的这部手机了吧？如果我用它给你们拍照，你们肯定会作出微笑的表情，可如果我拿着它对着你拍摄一个小时，旁边还有人辱骂、殴打你，你还笑得出来吗？"当你一边说的时候，一边拿着手机演示，配合恰当的表情，就能让听众通过你的表演感受被霸凌者的遭遇，快速进入故事人物的内心世界。

情境是故事生存的虚拟环境，也是听众需要从现实环境进入的感受环境。这个环境的还原度越高，你的故事就越能走进人心，凸显你的演讲主题。听众不仅希望获得一些有价值的信息，更希望通过你的演讲进入一个未曾体验的环境中，去感受他人的经历，从而在感性和理性层面都有所获益。

故事结构——和听众沟通的桥梁

美国教授彼得·古贝尔认为，当今社会人和人都是通过情感交流在做生意。对企业家来说，能够讲述一个令人信服的故事无疑是促成生意的加速器。因此，对故事的掌控力会提升竞争力。

事实的确如此，营销需要故事，文案需要故事，品牌需要故事，似乎离开了故事，你想传递有价值的信息就变得寸步难行。于是，很多人开始苦练讲故事的本领，将训练的重点放在口才、语气、表情以及肢体动作上，却忘了故事最需要什么。

一个好的故事需要好的结构。

结构对故事来说，就像房屋的承重墙、船舶的龙骨，缺失了结构的故事就是一盘散沙，即便你有再出众的口才，也无法打动听众，因为它已经脱离了故事的基本特征。一个故事是否耐人寻味，关键就在于故事结构。

故事是什么？是通过一系列的素材，用具体的方式阐述一个理念或者去展现一个人物，从而影响或者说服他人。故事的要素有哪些？人物、事件、讲故事的目的。所以，流水账并不是故事，因为它没有一个完整的结构。

那么，一个标准化的故事结构包括哪些要素呢？

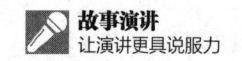

第一，故事主角应当有一个目标。

不管是什么题材的故事，总要有一个主人公，主人公应当有个目标，这个目标决定了主角的动机。当然，为了让听众感同身受，这个目标可以世俗一点，比如升学、升职、结婚，甚至艳遇都可以，总之不要脱离听众的理解范畴，这样你讲得精彩的时候，听众才会不自觉地将自己代入到故事中。

第二，为故事主角设置障碍。

主角有目标了，他就会为之行动，但是他不应该是一帆风顺的，一定会遇到一些困难，为了克服困难他才需要提升自己，同时打败对手。比如，你要讲一个售后人员的故事，他就要遭遇一个难缠的客户，这就是障碍，这个障碍会让故事有看点，听众会为主角捏一把汗：他到底能不能克服困难取得成功呢？如果我是他该怎么办呢？

第三，行动。

主角有了目标，有了障碍，接下来就是克服障碍了，这就涉及主角的执行力。这也是故事中最有价值的部分，因为它会提供给听众可以参考和借鉴的信息：遇到类似的情况时我该怎么做？在你的故事里，主角越是努力，就越能博得听众的同情，你就有机会借用主角传递你要表达的信息。自然地，主角行动的闪亮之处，就是整个故事最大的看点了。

第四，意外。

主角努力克服障碍，这就为故事构建了矛盾。但是只有矛盾是不够的，因为这是故事的基本架构，你还需要为故事增加一些意外因素，让主角在本以为克服困难之后又遭遇意想不到的挫折，而这个挫折让故事进入了高潮迭起的阶段。这个部分考验你对故事架构的理解程度，你理解得越透彻，意外就越出人意料；反之，如果这个意外早就被听众预想到了，那么就失去了悬念，故事性也就大大弱化了。

第五，反转。

反转和意外并不一样，它是主角在对抗意外之后产生的新变化。打个比方，主角上山采药（目标），发现很多草药都消失不见了（阻碍），主角不放弃继续寻找（行动），结果遇到了一只老虎（意外），主角打算逃走，却发现老虎受伤了想要他帮助（反转）。从这个例子可以看出，反转是整个故事情节的转折，而意外是主角在情节中遭遇的转折事件。反转是一个更大的悬念，也是很多故事阐述主题的依托所在，只有在这个点上把控好，你的故事才称得上精彩。

第六，结局。

在主角经历了无数挫折与意外之后，我们必须给他一个结局，这个结局往往和你的演讲主题有关。你要表达"好心才有好报"，那就让主角因为救人而获得美满的爱情；你要表达"创业不能怕失败"，那就让主角在经历种种磨难之后实现逆袭。总之，结局如何安排，都要和你要表达的中心思想有关。不过，有些故事可能存在着不唯一的结局，也就是我们常说的"开放式"结局，对于这种开放式设置要谨慎使用，因为如果两个结局代表着截然相反的主题思想，那就会冲击你的演讲主题。

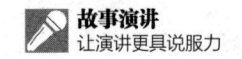

也许有人认为，自己要讲的故事是真人真事，并不是编造出来的，怎么构建故事结构呢？其实，即便是真人真事，也需要我们去梳理并进行合理的加工。在那些著名企业家的传记中，企业家们都会有一些传奇经历，但因为信息量较大，我们只有对其进行筛选，才能精炼出一个模块化的故事，而这个加工过程就需要我们上述提到的故事结构。

众所周知，泰国的广告总是十分吸引人，因为这些广告打破了传统的广告模板，用一种出人意料的方式去讲述故事，不到最后一刻，你几乎不知道它是在为什么产品做广告。这些广告的商业色彩被极大地弱化，而艺术性、戏剧性得到了强化，因此才能打动无数人，消费者自然也就爱上了故事中暗藏的产品。比如，一个名叫《You can shine》（你能光芒万丈。）的广告，前后只有短短4分钟，却把很多人看哭了。它讲述一个聋哑少女学习小提琴的故事，她身残志坚，无论遇到什么困难都没有放弃练琴，最后终于在舞台上绽放出了自己的光彩。这是为潘婷拍的商业广告，却丝毫不影响它的艺术价值。

归根结底，这就是故事结构是否精妙的问题。切记，结构绝不是靠你的如簧之舌来创造的，即便你有绝佳的口才，面对一个烂俗的故事也会无所适从，所以一定要在结构上下功夫。有的演讲者为了让故事迎合主题，削弱了其中很有看点的部分，这是不对的。只要不严重影响听众对中心思想的理解，故事偶尔在感情层面走偏一点是无大碍的，关键在于这个"偏"是否能戳中听众的心。

故事是为演讲服务的,而演讲是为社会大众服务的。社会大众的共同需求往往和情感有关,所以任何一种商业产品都能找寻到与情感挂钩的连接点,这也是很多广告能从让人抵触的硬广变身为震撼人心的软广的原因。从品牌传播的角度看,讲故事是感情化的演讲,它在传递一种信息和价值观念,甚至可以看成是与听众的另类沟通,所以它的结构尤为重要,关系到听众能否理解、接纳并为之触动心弦。演讲者对此要做好充足的准备,在标准化的故事框架中构建赋予自我感情的内容。总之,当你通过故事和听众建立某种联系之后,你的思想和意志就可以源源不断地传送过去,这就是故事演讲的魅力所在。

调动情绪——创造合适的演讲氛围

操控思维和操控情感,哪一个更容易?这似乎是一个争论不休的话题。不过,从"蛊惑人心"这个成语上我们能够发现,"人心"才是征服的终极目标。人心关联的不是理性思维,而是情绪感知。简言之,只有先动之以情,才能晓之以理。

演讲不是为了感动自己,而是要感动听众。这个感动不只是理性层面的,更重要的是作用在情感层面,让观众热血沸腾或者扼腕叹息,总之要让听众产生"冲动"的情绪反应。

1946年7月15日,著名的民主战士闻一多出席了爱国志士李公朴先生的追悼会,这是他人生中最后一次演讲,因为当天下午

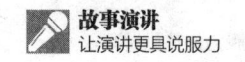

他就被国民党特务杀害了。然而这次演讲给人们留下了深刻的印象，因为闻一多慷慨激昂地揭露并批判了国民党反动派的倒行逆施，其中有几句话令人振聋发聩："今天，这里有没有特务？你站出来！是好汉的站出来！你出来讲，凭什么要杀死李先生？"当时讲到此处，现场响起了山呼海啸般的掌声，因为"站出来"表达了闻一多面对强权的毫不畏惧，"凭什么"表达了闻一多对反动派的厉声质问，将现场听众的情绪极大地激发起来。

对演讲者来说，成功的标准无非有两个：第一，让听众接受自己的某种观点；第二，让听众感受到某种情绪。事实上，产生情绪永远比接受观点来得快，也最直接作用于听众的内心世界。只有你的故事让人们产生情绪的波动，才能起到辅助说明主题的作用。

常见调动情绪的方法有如下九种：

第一，忘掉你是谁。

演讲者只有先忽略自我意识，才能真正融入故事。即便故事的主角是你自己，也要变成当时的那个你而非现在的你。当你真正忘掉自己是谁的时候，你才不会害怕犯错，才会全身心投入到故事当中。而你的动情叙述，会让听众犹如亲临现场，他们会发现你不是在分享自己的经历，而是在再现情景，他们的情绪自然会被调动起来。

第二，减少信息加工。

人的大脑会自动过滤掉一些它认为不重要的信息，这种心理机制提高了我们的工作效率，但也在一定程度上弱化了原始信息中能够打动人的部分。就像一篇新闻报道会使用这样的标题《某地发生重大交通事故致4死5伤》，而如果亲临现场，看到的必然是鲜血淋漓的尸体和支离破碎的车辆。显然，前者只能简单地传递信息内核，而后者传递的是全部信息。同样，演讲者在讲故事的时候，因为已经知道故事的过程和结局，有时会无意中删减其中的一部分，而这些看似无用的部分恰恰是能够感动听众的部分，比如一些场面描写、衣着描写等。所以在你过滤信息之前，一定要在脑子里分析一下是否扔掉了有价值的信息，特别是商业性或者学术性的演讲。有的演讲者为了节约时间，会过滤掉大量的原始信息，精炼确实是精炼了，但无法触动听众，更别谈调动听众的情绪了。

第三，让语言生动化。

和信息加工一样，语言风格的选用也会直接影响到演讲效果。特别是对专业能力较强的演讲者来说，他们惯于使用一些行业内的术语，或者采用平铺直叙的方式去讲故事，让听众听起来味同嚼蜡。描述一个人被领导叫去训话，精炼但不够生动的语言是："他紧张地走向领导的办公室。"而生动的语言是："他的双腿像灌了铅一样，好半天才挪到那扇可怕的门前。"显然，前一种太过客观化，后一种更能深入人物的内心，两种表述带给听众的表达效果是截然不同的。

还有一种情况是，演讲者的语言风格没有问题，但口头禅太多，比如"然后呢，嗯，这个人啊……"或者"就在这种，这种特殊的情况下……"诸如此类，这些无意义的词语挤占了故事的

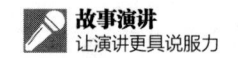

发展空间，会削弱故事情节的感染力，不利于刺激听众的情感，也会显得表达方式太过口语化。

第四，让听众"坐过山车"。

过山车是一种极其刺激人感官和心理的游乐项目，虽然把一些人吓得不轻，但也很容易让人上瘾，坐过一次仍然意犹未尽，它带给人的体验难以忘记。同样，演讲中的故事，也应当像过山车一样去刺激听众的感情线，让他们的情绪忽上忽下，待到故事讲完之后也会久久回味。

黑人演说家约翰·罗克在反奴隶制协会年会上，曾经发表了名为《奴隶制就是战争本身》的演讲。在演讲即将结束时他这样说："我们的事业正在前进，正如太阳一样……"听到这里，很多人都被点燃了战斗的热情，然而罗克却转了个弯："它常常会被乌云挡住……"人们听到这里情绪又低落起来，然而罗克再次转弯："但我们发现乌云终是要被驱散的。"这时人们热烈地鼓掌，而罗克则提高声调说："诚然，在反对奴隶制方面，政府现在的表现，比战争一开始时并未前进很多；但是，在为它本身生存的斗争中，它已经不得不扼住奴隶制的咽喉，并早晚必定要将它卡死！"罗克通过两个转折句式，让在场的听众一会儿被激励一会儿又被警戒，最后又给予他们足够的信心，让演讲在高潮中收尾，产生了一种撼人心魄的力量。同理，讲故事的时候也要合理地设置这种反转，比如，你要做一次以社交技巧为主题的演讲，开场可以这么说："在座的各位都有家人和朋友，你们朝夕相处，但是你却并不了解他们。"这样的转折让听众内心忽然一沉，随后脑海中会升腾起无数个问号，接下来就轮到你去解释其中的缘由了。

第五，演讲后了解听众的感受。

也许你的某一次演讲并不成功，你如何总结经验教训呢？不妨询问一下现场的听众，看看你的问题到底出现在什么地方。比如你可以问听众："这个故事有什么打动你的地方吗？"或者："什么样的故事能触动你们的心灵？"这种反向调查的方式可以让你在下一次选取故事的时候，合理安插调动听众情绪的人物和情节，以避免再次失败。

第六，根据不同场合，对故事内容进行适当调整。

同样一个故事，演讲者可能在不同的场合重复多次。有的人会根据时间和场地等特定因素，对故事进行灵活的调整；有的人则担心破坏故事的同一性，在讲述的过程中回忆上一次是怎么说的，不仅分散了注意力，还会把故事说得十分生硬。其实，只要演讲者抓住故事的核心与主干，适当进行调整并不会破坏故事的真实性，反而会因为每一次不同的感受讲述得更"顺口"。

第七，切忌使用解释性的语言。

感动听众的关键在于，你用还原事实的语言去描述，同时再注入你的个人感情，这样就能"煽动"听众和你拥有相似的情感体验。但是，如果你要在讲述的过程中穿插一些解释性的语言，那就会破坏故事的流畅性，并且还会分散情节的感染力。比如，你在描述某个人物的心情时可以有两种说法：第一种，因为天气很冷，她流出的眼泪几乎冻在了脸上，形成了一个个小"泪包"；第二种，她的眼泪挂在脸上迟迟不肯落下，因为寒气将它冻成了"泪包"。

通过对比可以发现，第一种说法刻意去解释了天气的作用，导致听众的思维会被中断，影响了语言对情绪的感染力。而第二种说法具有更强的一致性和连贯性，会不断地刺激听众的情绪，效果更好。

第八，多用心去讲，少用嘴去讲。

优秀的演讲者不仅需要练习口才，更需要练习共情能力，也就是和故事中的角色感同身受的能力。在汶川地震事迹的报告团中，没有哪个演讲者是演讲大师，然而他们的演讲却能够打动很多人，让听众泪流不止，因为他们是在用心讲，而不是用嘴讲。当然，演讲者不一定能参与到自己讲述的事件中，但如果是真人真事，可以事先访问亲历者，从他们的描述中获得情感元素，或者通过自己的共情能力去模拟体验。当你找到一种比较接近的情感状态时，就以这种状态向听众讲述，感染效果就会得到强化。

第九，不要评论故事，而是要讲故事。

有些演讲者会犯一个无意识的错误：评论故事比讲故事的内容多，让听众觉得你在讲读后感而不是讲故事。听众不仅会丧失兴趣，还会认为你是一个喜欢强加给别人观点的人，演讲也就失去了公正性和信服力。听众大都是成年人，他们有着成熟的世界观，不需要你来为他们归纳和总结故事的中心思想。他们需要的是情感上的刺激，这种刺激才是诱发他们思考的前提。

演讲是一门特殊的艺术形式。好的演讲不仅应该是主题深刻的，更应是振奋人心的。如果你只是冷冰冰地传递出一些有价值的信息，而听众也像机器人一样照单全收，那么人和人之间的心灵碰撞从何谈起？你精心准备的故事意义又在哪里？因此，要把握好现场的沟通气氛，并让听众在期待中渐渐走入故事情节中，为之动容，为之思考，这样的演讲才是成功的，并同时会具备揭示社会和人生意义的功效。

肢体动作——表情、神态和手势

在默片时代，喜剧大师卓别林用他妙趣横生的扮相和肢体动作征服了观众。进入有声影视时代后，罗温·艾金森依然通过搞笑的表情和身体语言让"憨豆先生"这个艺术形象传播到全世界。由此可见，肢体动作是人类通用的"无声语言"，它拥有能够征服人心的奇妙力量。

演讲是表演和讲述的艺术，很多演讲者都比较重视讲述，但是却往往忽视表演。一是因为他们平时缺少这种训练，二是因为他们觉得口才足够好就行，表演没那么重要。其实，一个精彩的故事离不开必要的肢体动作。当听众拥挤在现场时，如果只能听到你的声音，时间长了难免注意力涣散。如果你能够适时地加入一些动作，不仅会让你的故事拥有画面感，也会让听众的感官受到更丰富的刺激，对你的故事也会充满兴趣。

肢体动作并不局限于手和脚的动作，还包括表情和神态，它们的存在都会给故事加分，也会让你成为一个能力全面的演讲者。

第一，表情。

演讲者的面部表情是很多听众首先关注的部分。有的人习惯表情严肃，特别是演讲的内容和学术有关时更是如此，其实大可不必。美国传奇总统罗斯福是一个出色的演讲家，人们在评价他的演讲时这样说："他满脸都是动人的表情。"有人统计过，在罗斯福20分钟的演讲中，脸上出现了好奇、震惊、焦虑、同情等多种表情，十分具有感染力，以至于他不需要说很多就能让听众理解自己要表达的观点。同理，演讲中讲故事也需要一张生动的面孔去演绎，因为你的表情可以代表故事主人公的状态：紧张、激动、兴奋、恐惧……每一种表情都需要你去传递给听众，你的表情越丰富，故事的趣味性就越强，听众也就越能和故事中的角色连为一体，而你要传递的信息也会被他们顺利地接收。面部表情是比较复杂的表达区域，需要符合灵活、突出感、真实和恰如其分四个要求。

所谓灵活，就是能够紧跟你正在表达的内容，不能超前或者滞后。比如你讲到主人公考试失败后神情失落，那么你的表情就要同步，不能还停留在上一个情节中。这样听众才能被你牢牢地锁定在故事里，否则会瞬间出戏，故事就变得虚假了。

所谓突出感，就是要强化某个表情的细节。当然这不是舞台表演的夸张，而是一种收放自如。换句话说，你做出的表情不要扭扭捏捏，让听众看不清，而是要清晰明确，痛苦就要面部狰一些，悲伤就要肌肉抽搐一点。不要只做出一半的表情，这样听众会觉得很诡异，故事的氛围就会被破坏掉。

所谓真实，就是你的表情要让听众觉得是发自内心的，而不是演的。这种真实感才能赋予你的故事以生命力，听众才会被你的演讲所折服。

所谓恰如其分，就是要掌握好表情的尺度，不能为了表演而表演。因为你不是在演戏，如果表情过于夸张，就会让听众觉得你很浮夸，认为你演讲的内容一定不会很深刻，你的故事也只是为了哗众取宠，他们就不会耐心听下去了。

第二，眼神。

眼睛是心灵的窗口，也是内心真挚情感流露的地方。正如古语所言："手挥五弦易，目送归鸿难。"在演讲的时候，眼神并不容易掌控，常见的有三种：点视、扫视和虚视。点视是用来进行一对一交流的，能够帮助你了解某个人的状态；扫视是用来进行一对多交流的，能够帮助你了解现场的气氛；虚视是用来了解整个场地的现状的，让你对整个演讲的进程心中有数。

根据心理学研究，人和人在沟通时，视线接触对方面部的时间会占整个谈话时间的三成到六成，如果某一方超过这个平均值，那就证明他对另一方的讲话很感兴趣，反之则代表没有兴趣或者兴趣不大。当然，一个演讲者面对着众多的听众，不可能只把目光盯在一个人的脸上，但是你可以通过虚视的方式大致了解听众的状态，相当于做抽样调查：如果多数人盯着你面部的时间较长，那说明他们对你的演讲感兴趣；反之，你就要思考为什么大家对你的讲述没有兴趣，一旦找到原因就要及时调整你的演讲计划。

虽然眼神是表情的组成部分，但它也可以独立存在，而且和整个面部的表情相比，眼神变化更容易吸引听众的注意力，所以眼神是演讲者和听众信息交换的工具：听众注视着你，你回望着听众，你们之间就建立了一种连接。听众会不由自主地听下去，因为他们会觉得你在看着他们。这就像课堂上老师盯着注意力不集中的学生一样，既是情感连通，也是一种软威慑。

第三，手势。

手势的变化是丰富的，虽然人只有十个手指，但是不同的组合能够代表不同的信息。你可以用手比画出一个物体的大小和形状，也可以用手表达某种心理状态，还可以用手来表达自己的态度，比如平摊手掌（无奈）、交叉双手（期待）等。总之，手势是演讲中最有帮助的肢体语言，它可以起到控制场面和活跃气氛的作用：当你手心向上、胳膊弯曲的时候，能够表达出夸奖和欢迎的意思；当你手心向下、胳膊弯曲并前伸时，能够传递出安静或者反对的意思；当你挥舞拳头到胸前的时候，意思是加油和打气……因此，千万不要把你的手搭在讲台上或者拿着一个并不重要东西。手的变化方式越多，故事中的情节就呈现得越立体，听众的感受就会越全面，整个演讲的气氛也会被带动起来。

第四，肢体动作。

肢体动作包含了站姿、坐姿、走姿等多种姿势，每一种都能传递出不同的信息，也能展现出你作为演讲者的基本素养。正如俗话所说的，"站如松，坐如钟，行如风"。除此之外，你在讲故事的时候，这些肢体动作会融入故事情节当中。比如，你可以通过做耸肩的动作表示对某个事物的不屑或者无奈，缩肩动作可以表达出一种惊恐和畏缩，双臂环抱可以表达一种恐惧……这些都能够让听众更有效地理解故事中的人物所做出的行为。另外，你的肢体动作也代表着你和听众的信息传递。当你双手自然下垂的时候，是在传递一种放松的信号，适合用在演讲中途，让听众也暂缓绷紧的神经。你还可以通过挺胸昂头表示你要讲述的内容十分重要，那么听众也会下意识地正襟危坐……这些微小的肢体语言，是你和听众的无声沟通，一定要合理地使用，而不能彻底忽略。如果作为演讲者没有任何肢体动作，会让听众感觉不到你的情绪状态，还会觉得有些压抑，时间一长，你的演讲气氛就被破坏了。

无论是表情，还是神态、手势，都是我们演讲中的重要表达工具，只有充分理解它们的功能，才能达到拉近和听众心理距离的效果。当然，正确使用它们的前提是，你对演讲内容和故事情节的掌控程度。如果你自己都没有明确一个中心思想，那么在讲述故事的时候就容易表达错乱，使用并不合适的表情和动作，传递给听众的也就是错误的信息，演讲不仅会失去艺术性和观赏性，还会变成一场不知所以然的闲聊大会。

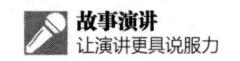

图片辅助——让你的故事更有感染力

如今是一个"读图时代"，图片远比文字更具有传播力。很多人在朋友圈里发文字的时候都会配上一张图片，一来能够引起别人的注意，二来能够辅助说明。同样，很多营销软广也非常注重图片的价值，往往会精心设计一张图片，配少量的文字，这样更容易击中消费者的"命门"。如果是公益广告，那么图片蕴藏的社会意义也要优于文字本身传达的信息。

对演讲者来说，站在一个相对广大的空间里，声音的传播是有限度的。第一排能听得很清楚，第二排、第三排就会依次递减，到了最后一排，原本铿锵有力的声音可能会变成细语绵绵，失去应有的感染力。即便是有麦克风、音响等扩音设备，也难免会产生杂音，或者弱化声带的某些情绪特征。这时如果配上一张图片，就会补充声音传播的缺憾，也能把距离演讲者较远的听众的注意力吸引过去。

除了对声音有补充作用之外，图片也是故事天然的好伴侣。我们小时候看到的故事书里都是配有插图的，而我们也是先有读图能力，后有识字能力。因此图片和我们的眼睛有先天的亲密感，它能够帮助我们理解文字中某些晦涩难懂的部分，也能够让我们爱上色彩斑斓的世界。自然，在讲故事的时候配合使用图片，往往能够起到事半功倍的效果，比单纯依靠语言表达更直观，也更有说服力。

使用图片时有很多注意事项，如果滥用会对你讲述故事起到反作用。

第一，契合主题。

图片是为故事服务的，而故事是为演讲主题服务的。因此图片不能作为呈现的主体，它要依附于故事内容和演讲中心而存在，这就决定了它的格调要和演讲的格调契合。这种契合可以通过色彩、明暗、视觉效果等多个元素来体现。

打个比方，你要做一场和环保有关的演讲，其中穿插的图片就可以选择与绿色相关的元素，比如绿色调、绿边框、绿背景等，这样就能传递给听众"低碳环保"的视觉信号，进而作用于听众的理性脑海之中，让他们不由自主地接受并认同绿色环保的主题。有了图片做辅助，你所讲述的故事也会跟随主题思想一同升华，你的心声会通过图片加快传播。另外，当你精心选择了紧扣主题的图片以后，听众也会觉得你为演讲做了充足的准备，他们对你传递的信息也会更乐于接受。

第二，具有关联性。

当所有的图片都契合主题之后，还有一个问题不容忽视，那就是每张图片之间的关联性。这个关联包含着逻辑关联和风格关联两个方面。

逻辑关联，是图片内容能够对应到故事情节当中，能够标注出先后顺序。如果你提供的图片放在故事的任何部分都适用，那就证明它们是没有实际意义的。只有让图片之间的逻辑性更强，才能让图文融为一体，听众会在消化语言吃力的时候，通过图片来弥补。反之，如果图片之间的逻辑性较差，则会给听众带来新的困惑，那么你的故事就会被"解体"，听众也会失去兴趣。

风格关联，是指每一张图片在遵循"契合主题"这个大前提之外，还要保持相同或者相近的风格。这样听众看了之后，才会认为这些图片都从属于一个故事。如果风格不统一，会让人觉得是东拼西凑的资料集合，还会割裂图片与图片之间的联系。另外从人类视觉习惯的角度看，色彩明暗不同的图片会让眼睛感到不适，所以选图也要尊重人们的审美倾向。

之所以强调图片的关联性，是因为你在讲故事的时候，内心世界的情感需要通过故事来释放，而作为辅助手段的图片就充当着这个角色。如果不建立某种关联，你内心的情感就会传不出去，或者是传到一半就被歪曲，让听众无法和你产生共鸣。

第三，切换方式多样化。

图片的主题和风格是统一的，但是播放方式却没必要统一，否则会很容易让听众觉得枯燥。而且从人的视觉习惯上看，单一的播放形式会加剧疲劳感，也会弱化每一张图片的独立意义。因此演讲者应当多用一些切换方式，比如溶解、淡入、擦除等。需要注意的是，播放的多样化不是为了避免单调，而是用不同的播放方式诠释图片的不同含义。比如淡入代表随着时间推移而发展的情节，擦除预示着突然发生的意外等。总之你要借用多样化的切换方式为你的故事做注解，这样才能让图文结合之后产生更高的艺术观赏性。更重要的是，你的心声需要借助不同的播放方式勾勒出一条故事线，这条线既代表着情节的曲折性，也代表着你的心境。打个比方，你播放一个令人敬仰的英雄照片时采用了溶解的切换方式，接着播放凶手照片的时候也采用同样的切换方式，那么在听众看来你并没有对不同角色进行区分，也没有注入你的感情，这样就会大大弱化故事的感染力。

第四，富含新意。

你为故事选取的图片可以是绘画作品，也可以是摄影作品，还可以是电脑合成作品，这些都和你的演讲主题与现场环境有关。但无论取材于哪种形式，都不能让它们以呆板的形式存在，而是要注入一些活力和新意。比如绘画作品要有一定的意境，摄影作品要有深度，合成作品要有科技感或新意……如果你只是随便从网上下载一张图片拿来用，很可能会和故事的意境存在割裂感，让听众觉得图文之间没有建立有效的联系，他们要么会忽略你的图片，要么会忽略你的故事。当然，有些故事需要还原人物和现场的原始图片，不过这类图片也需要通过后期手段调整一下，不要直接拿来用，这会让听众认为你缺乏对图像的理解和改造能力，还会认为你并没有发自内心"爱上"你所讲的故事，因为你不愿意进行信息加工。你的故事都无法感动自己，又如何感动别人呢？

第五，不能喧宾夺主。

演讲不能过分依赖图片，不能把一切有价值的信息只整合在几张图片上。图片终究是为了讲故事服务的，所以不能让听众把所有注意力都集中在图片上而忽视了故事本身。因此要注意两个问题：第一，演讲者输出的信息不能都依附于图片本身，要让听众看一眼就懂,然后把注意力继续放在演讲者身上;第二,播放图片的时间要简短,不能让图片代替演讲者去传递信息,而是应当通过演讲者之口讲述。当演讲者把握这两个要点之后,才能在图片不喧宾夺主的前提下起到辅助讲故事的作用,帮助演讲者和听众建立深度的沟通桥梁。

图片和文字相辅相成,它们都有各自的功能和价值。当你需要传递精神层面的信息时,文字是最好的呈现形式;当你需要表达一种情绪波动时,图片是最佳的呈现形式。当然,它们之间并不存在严格的界限,关键在于你是否真的消化了故事的主题。只有先倾听你内心对故事的感受,你才能用最恰当的图文结合的方式去打动听众。

2. 包装

故事中人物的外貌

经常听评书的人都知道，一个主要角色出场时都会有细致的外貌描写，比如《三国演义》中对张飞的描述："身长八尺，豹头环眼，燕颔虎须，声若巨雷，势如奔马。"虽然人物性格与其外貌未必有直接关联，但是对听众来说，外貌描写是了解人物的基础，也是让人物"活起来"的前提条件。

一个精彩的故事，必然有一个刻画成功的人物，因为人物才是故事的亮点。故事情节应当为人物服务，这样才能让故事变得更鲜活，从而引起听众的思考。

为演讲服务的故事，篇幅不宜过长，人物不宜过多，因为角色多了，每个人分得篇幅就少了，不利于突出故事主角，所以一定要减少人物，作用和功能一致的人物就要"合并同类项"，把性格特征鲜明的人物选取出来，这样才能让听众印象深刻。那么，如何让故事中的角色被听众记住呢？需要依靠八种外貌描写的技巧。

第一，细致描写。

大家都知道工笔细描，也就是用十分讲究的笔法描绘出人物形象，这也是一种可以用于故事角色的描写方法。比如鲁迅在《故乡》中对闰土的描写："他身材增加了一倍；先前的紫色的圆脸，已经变作灰黄，而且加上了很深的皱纹；眼睛也像他父亲一样，周围都肿得通红，这我知道，在海边种地的人，终日吹着海风，大抵是这样的……"表面上看，这种描写比较耗费时间，但是如果描写得当的话，会让一个人物深入人心。需要注意的是，这种描写方法要讲究顺序，也就是从身材开始，再到面部，再到衣着特征，要符合人们的视觉习惯。

如果你要讲述一个劳动模范的故事，那么用细致描写的方法就很适合，因为你可以向听众展示他因为干活而被弄脏的脸和衣服，还有疲惫但坚毅的神情，几乎每一个部分的描写都能强化人物形象。相反，如果是一个次要角色，这种描写就显得喧宾夺主了。

第二，粗略描写。

粗略描写就是一两句话描绘出人物形象，如果是反面角色还可以采用夸张的手法，这种方式属于宏观描写，可以让人物的主要特征马上呈现在听众面前，是一种点到即止的方法。比如在《小橘灯》中对小姑娘的描写："只有八九岁光景，瘦瘦的苍白的脸，冻得发紫的嘴唇，头发很短，穿一身很破旧的衣裤，光脚穿一双草鞋，正在登上竹凳想去摘墙上的听话器……"这种方法适合篇幅较短的故事，有利于情节的快速推进。比如，你要讲述一个助人为乐不留名的当代雷锋，就可以用他的侧影、背影或者一个动作来描摹其形象，这样既显得真实，又能留给听众无尽的想象。

第三，突出特征。

这种描写就是忽略整体，只抓住一个局部。比如主角脸上有一颗黑痣或者一道伤疤，那么就对这些明显的特征进行描述。当然，这个特征一定要能和主角的性格产生联系，才能让人记忆深刻。不过，这种方法看似简单，其实需要很强的概括能力，也需要你深入角色的内心。如果你讲述的是一个性格十分另类的人物，不妨采用这种描写方法，既节省时间又能让人回味无穷。

第四，逐步展示。

这是一种由远及近的方法，好比你逐渐走近故事角色，慢慢看清了对方的外貌特征，很像是电影中推镜头的使用。比如在《一面》中对鲁迅先生的描写："坐在南首的是一个瘦瘦的、五十上下的中国人，穿一件牙黄的长衫，嘴里咬着一枝烟嘴，跟着那火光的一亮一亮，腾起一阵一阵烟雾。"这样的肖像刻画，赋予人物一种神秘感，而当真容呈现之后，又会产生一种亲切感。这种方法适合描述那些形象高大、社会评价较高的知名人士，因为听众或多或少知晓对方，这种渐进式的描写更能突出人物在故事中的地位和作用。

第五，颜色象征。

这种描写方法是用人物身上的某种颜色作为特征，比如身穿的衣服或者脸色、发色等，体现出人物的一种精神状态和健康程度。这种方法的好处在于，能够让听众有很强的画面感，会激发他们的想象力，如同欣赏一部储存在脑海中的"电影大片"。当你要讲述一个有亮点的配角时，这种方法既不会占用时间，又能让听众眼前一亮，为整个故事增光添彩，同时还能衬托主要角色。

第六，夸张描述。

这是一种艺术化的表现方式，对角色中的某些外貌特征进行夸大的描写，可增强艺术感染力。比如一个人长得像猴子，你就用形容猴子的动作去描述他；一个人生得如同"金刚雕像"一般，你就用凶神恶煞这样的词汇去形容他。当然，这种夸张通常都带有感情色彩，能够展示出一个角色是正面的还是反面的——对正面角色歌功颂德，对反面角色嗤之以鼻，所以对于脸谱化的角色描写很适用，但对一些存在争议性的故事角色不适合。

第七，对比描述。

这种方法可分为横向对比和纵向对比。横向对比就是将几个同时出场的角色进行对比。比如甲长得高大魁梧，乙长得瘦小孱弱，丙长得肥胖笨拙。纵向对比是对同一个角色的不同时期进行对比，比如："他头发白得像顶着一层雪，而三十年前却是乌黑得能渗出油来。"纵向对比能够表现出人物的命运变化，引发听众的慨叹，也能折射角色内心世界的走向。当你刻画众生相的时候，横向对比极具社会价值，而如果要展示人物的内心世界，那么纵向对比会让听众牢牢记住这个角色，你就有了借助人物去深化主题的空间。

第八，虚实结合。

即在描写人物外貌时，有真实的部分也有想象的部分。具体为实，主观为虚，这种方法适用于以主观视角讲述的故事。比如鲁迅的《一件小事》中对车夫的描写："我这时突然感到一种异样的感觉，觉得他满身灰尘的后影，霎时高大了，而且愈走愈大，须仰视才见。"这就是用"高大"来表现车夫的人格魅力，表达出"我"的崇敬之情。此外，当回忆的时候也可以采用这种方法，比如朱自清的《背影》中对父亲的描写："戴着黑布小帽，穿着黑布大马褂，深青布棉袍……我读到此处，在晶莹的泪光中，又看见那肥胖的，青布棉袍，黑布马褂的背影。"这就是将回忆和现实结合在一起，突出了人物形象。当然，虚必须以实作为基础，完全脱离了客观会变得不可信，也无法感动人心。

人物外貌的描写不是固定的，也没有哪一种方法是最好的，它们都有各自擅长的表现空间，这就需要演讲者在描述人物之前，真正走入角色的内心世界，分析他们在故事中的作用，判断听众对这个角色会产生怎样的评价、态度。描写的目的不是描写本身，而是为了表达主题，让你的演讲在一个个生动形象的人物中得以升华。

设计对话

很多文艺作品中的人物之所以形象饱满，往往是由于他们的台词极具个性特色，能够抓住观众的心。因此，巧妙的对话是刻画角色、推动情节的重要组成部分。

对话就是"人物语言"，是故事中展现角色性格和心理的主要表现方式。精彩的对话能够让故事变得更生动、更有活力，而糟糕的对话会让听众昏昏欲睡。尤其是对演讲来说，一段放在高潮或者结尾部分的经典对白，能够有效地揭示主题，带给听众无尽的思索。

尽管对话很重要，但它依然是为故事情节和角色服务的，如果对话太多，就会让听众失去"画面感"，会显得故事节奏拖沓，让人觉得演讲者很啰唆。所以我们追求的应当是"有效对话"，也就是非说不可的话，那些可有可无的一律要删掉，保留下来的，一定是经过我们深思熟虑的对话。它们穿插在角色的行动中间，起到辅助刻画人物形象的作用。

如何让故事的对话更加精彩且富有感染力呢？需要掌握六种技巧。

第一，要充满戏剧性。

戏剧性就是要出人意料，也就是甲说话之后，乙没有按照常规来回答，这样既能让故事更加生动，也会让角色的性格更为突出。比如，甲想要乙帮助自己介绍一个大客户，乙想要赚取一笔中介费，一般的对话是这样的：

甲："听说你跟外贸公司的梁经理挺熟的，能不能帮我引荐一下？"

乙："没问题啊，不过我最近也挺忙的，帮你的话会影响生意。"

甲："好说好说，我不会亏待你的。"

这类对话交代了故事情节，但是没有突出双方的性格，如同白开水一样，挑不出毛病，但也毫无亮点。如果故事中通篇都是这种对话，听众迟早会厌烦的，所以不妨让它变得更有戏剧色彩：

甲："您咳嗽一声就有人给预定豪华病房，我这点小事还难办吗？外贸公司的梁经理帮我联系下呗？"

乙："我咳嗽一声还费二两痰呢，帮你联系姓梁的还得费唾沫星子。"

甲："放心，您费了多少口水，我按金子的价儿折给您！"

这样的对话交代了故事情节，也把两个人之间的微妙关系和心理都刻画了出来，所产生的艺术感染力很强烈。

对话的难点在于加入戏剧色彩而非平铺直叙，这是深入揭示故事角色内心和性格的关键，也是决定一个故事是否吸引人的主要标志。引人入胜的对话可以提升故事的张力，让听众全程竖起耳朵听你讲完。

第二，要有幽默感。

故事最忌讳的是平铺直叙，而对话也忌讳死板单调。即使两个人设都是比较严肃的角色，也应该适当在他们的对话中加入一些幽默成分，这样既能增强故事的吸引力，同时也能让听众记住角色。记住了故事中的人物，就记住了整个故事。比如，甲想找乙借一万块钱，但是乙不想借，他们的对话可以这样安排：

甲："兄弟最近兜有点紧，能不能借一万？"

乙："你兜紧，我老婆的手更紧啊。"

乙没有直接拒绝甲，而是利用甲的"兜紧"这个"梗"，婉转地表达了老婆当家的尴尬局面。这样的对话既有浓厚的生活气息，也有利于展现成人世界借贷关系的敏感性，听众听了也能会心一笑。相反，如果是这样讲述就会平淡无奇，也没了幽默色彩：

甲："兄弟最近缺钱花，能不能借一万？"

乙："实在抱歉啊，我老婆当家，我没法借给你。"

其实，故事对话的亮点不在于角色说了什么，而是怎么说。表达方式的差异性恰恰能够反映出角色的性格特征，也会不知不觉地让听众从内心平静变为波澜起伏。

第三，要符合人物特征。

由于对话是直接刻画故事角色的，所以对话一定要符合角色的年龄、身份、职业、阅历等特征，不能让一个领导说市井粗话，也不能让一个地痞谈吐文雅，除非是情节有特殊的安排，否则这些都是失败的对话，会让听众觉得不真实，故事也就失去了可信度。在电视剧《李卫当官》中，李卫要杀犯人的时候会说："拉出去咔嚓咔嚓了！"这是因为李卫出身社会底层，文化水平不高，喜欢说粗话。在电视剧《包青天》中，包拯在杀犯人的时候会说："来人哪，虎头铡伺候。"因为包拯的文化水平高，所以他和李卫的表达方式就不同。当演讲者能够注意这些细节后，会让每一个角色都鲜明突出，而不会塑造出一大堆符号化的角色。

第四，要充满生活气息。

故事源于生活，故事中的人物对话也要接地气，而不能像"翻译腔"那样的书面化表达。比如"该死，我简直无法相信"等，这会让听众觉得陌生和不适，缺少亲切感和真实感，所以我们要在生活中多听、多说、多积累。

比如，我们去菜市场买菜，都会这样对话：

顾客："老板，萝卜怎么卖？"

老板："三块。"

顾客："好，给我来一斤。"

这就是充满生活气息的对话，听众听后，他们的脑海中会迅速浮现出相应的生活场景。相反，如果换一种方式就会很别扭：

顾客："老板，萝卜多少钱一斤？"

老板："三元一斤。"

顾客："好的，我需要一斤。"

这种对话过于书面，听众无法从对话中想象角色的形象，更

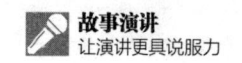

无法代入场景，这种远离生活的对话会降低故事的真实性。

第五，要进行艺术处理。

对话的生活气息和艺术处理并不矛盾。生活气息是为了让听众有"似曾相识"的感觉，而"艺术处理"是在确保真实的基础上拔高一个层次，为故事创造出某种哲理性和诗性。由于故事中的对话肩负着推动情节和塑造人物的作用，所以不能完全还原，要有意识地突出需要强化的部分。有些演讲者将生活中的对话直接移植到故事中，这是不妥的，除非这句话本身的价值很大，否则一定要进行加工，这样才符合故事的艺术性要求。比如，你讲述两个病人在准备接受新药测试时的反应，如果过于强调生活气息而忽略了艺术处理，就会是这样的：

甲："听说这新药特管用，一个月就能见效。"

乙："可咱们是小白鼠啊，万一有啥副作用，一个月咱俩就下面见了！"

甲："别说得那么邪乎，王大夫说了，这药最多就是呕吐、头晕，死不了人。"

乙："算了，既然签了字，咱就听天由命吧。"

这段对话很接地气，语言平实，也在一定程度上揭示了人物恐惧、期盼、矛盾的心理，但缺乏艺术处理，没有让人眼前一亮的东西，所以应该进行适当加工：

甲："听说这新药挺神奇，一个月就能让咱俩满血复活。"

乙："也可能是血槽空了啊，你就不怕有副作用？"

甲："咱们尊敬的王大夫说了，副作用也就是呕吐和头晕，你以为见上帝很容易？"

乙："一个月后是站着喝酒还是躺着喝药，也只有上帝他老人家知道了。"

这段对话不仅富有生活气息，语言也更加多变。甲和乙都说了一些俏皮话，在看似插科打诨的对话中隐藏着他们的不安和期盼，具有更强的艺术感染力，是符合故事特征的对话。

第六，多借助修辞。

人物之间的对话，需要通过比喻、拟人、夸张、对比等修辞手法，使之听起来更有韵味，值得人们回味。比如，故事的主人公白天加班几个小时，回到家中对女朋友说："我好累，特别累，累死了。"这种一直重复累的说法听起来有意思吗？显然得很平淡，听起来缺少韵味。但是如果换一种说法就不一样了："宝贝，我今天好累，就像是一块软绵绵的香蕉皮，而且还被别人踩了几脚，你说我累不累？"这段话里用了比喻，突出了主人公劳累的特征，也能引起听众和主人公的情感共鸣，所以在设计对话时不要放弃基本的修辞。

对话服务的目标是故事中的角色，而角色的设定决定了对话的形式，二者相互制约。只有真正看透角色的内心诉求，才能在他们的对话中将内心的点滴波动反映出来，从而使一个个栩栩如生的形象立在了听众面前。

故事的开场

好的开始就等于成功了一半。开始意味着打开了一扇门，而门背后的世界是你接下来努力去缔造的部分。对故事演讲来说也是如此，你要传递给听众的理论、观点和经验都属于"世界"的组成部分，要想让听众发现这个"世界"的美，你首先要敞开一扇门。

精彩的故事都有一个闪亮的开场。开场对故事而言是门面，是决定听众是否愿意听下去的关键，也是验证演讲者故事布局能力和讲述技巧的关键。

第一，介绍式的开场。

有些演讲者经验不足或者紧张，要安排一个闪亮的开场并不容易，弄不好还会适得其反。此时不如采用相对保守的方式开场，那就是介绍你要讲述的故事，通常包括设置场景和提取信息两个部分。

设置场景：今天我要给大家讲一个有关XX的故事。

这段话的目的是向听众描述故事的题材和内容，让听众有所预期，同时也可让自己理清思路，避免在讲故事的时候忘掉主线和主题等关键性因素。需要注意的是，既然是设置场景，那就要为听众大体描绘一个可以感受的情景，比如"有关丛林冒险的故事"，会让人联想起遍布猛兽毒虫的热带雨林，"有关我连续吃三个月泡面的创业经历"，会让人预想到一段坎坷波折的经历。

总之，你要先把听众带入到一个场景当中，这样才能尽早地烘托出故事的氛围。

提取信息：这个故事会给大家带来有关XX的思考，希望大家能认真听一听。

通过信息的提取，我们可以概括出故事的主题和寓意，相当于做了一个简单的中心思想介绍。需要注意的是，如果这个故事悬疑色彩较强，有几处关键的反转，那么千万不要把这些"包袱"提前抖出来，否则就失去了悬念。也就是说，你要传递给听众的是模糊了关键信息的主题思想概括，比如"有关婚姻经营的思考"，而不是"有关处理配偶出轨的思考"，因为"出轨"很可能是你情节中埋下的悬念，不能事先透露给听众。

介绍式的开场强调的是对故事的概述，让听众从理性层面做好心理准备，类似于老师在课堂上概述即将传授的文化知识。但是这种方式的缺点很明显：没有创意，也无法充分调动听众的情绪，只是一种不易出错的开场方式。

第二，故事性的开场。

如果你是一个有一定经验的演讲者，并且对自己要讲述的内容很有把握，还具有一定的表演才华，那么不妨采用故事性的开场。这种方式比较高级，也能够让你和听众建立一种默契感，让你讲述的故事更有说服力。

故事性开场往往是在正式演讲之前，也就是在没有其他内容作为铺垫、听众也许并不知道你的演讲主题是什么的情况下开始的，所以需要你有较强的表达能力，否则会让听众云里雾里，不知道这个故事和你的演讲有何种关联。故事性的开场通常有三种方式：

1. 纪录片式。

这种讲述手法很像电视纪录片，需要演讲者字正腔圆地表述，适合讲一些涉及历史、知名人士、国际关系等较为严肃的话题。比如："1978年，春雷滚滚，中国人民迎来了一个崭新的时代……"或者是"当法国大革命的呐喊随风而去之后，欧洲的封建势力卷土重来……"总之，这种表达方式预示着故事的厚重感和文化感，能够产生让听众正襟危坐、洗耳恭听的效果。

2. 相声式。

这种讲述方法适合那些幽默搞笑的小故事，它需要用平实、口语化的语言去描述，等于提前给听众发出一个信号："我要讲的故事可有意思了，你们听好了啊。"比如："我有一个认识20年的同学，我俩除了老婆舍不得给，其他都舍得给，但是昨天我们绝交了。"或者是："五年前的今天，我遇见了一个你们谁都不会相信的怪事儿……"简言之，用一种说相声段子的表达方法，瞬间引起听众的注意，通过悬念、幽默、插科打诨等多种语气强调故事的精彩程度，牢牢地绑住听众的心。

3. 引用式。

这种讲述方法就是引用一段脍炙人口的诗歌或者名言警句，让听众能够猜到你下面要讲的是一个什么类型的故事，也能快速和演讲主题产生关联。比如："风萧萧兮易水寒，壮士一去兮不复还。三十年前……"这就营造了一种悲怆的气氛，听众就会知道你要讲一个沧桑感很强的故事。或者是:"托尔斯泰说过,幸福的家庭都是相似的,不幸的家庭各有各的不幸。老刘对这句话深有体会……"听众会猜到这是一个有关婚姻和家庭的故事。当然,在引用诗歌或者名言的时候,一定不要选择容易产生歧义或是大家不熟悉的,这样就失去了导引的作用。当然,引用式并不局限于诗歌和名言,也可以引用一个或一组比较震撼的统计数字,让听众听了之后三观被刷新。比如,"据统计,7个男人中间,就有1个是女性思维"。总之,猎奇色彩越强越好,但一定要有出处,不能为了制造气氛而胡编乱造。

第三,互动式开场。

如果你是一个善于和他人交流、现场掌控能力较强的演讲者,不妨和现场的听众互动,这样引出的故事会更让他们期待,也更能活跃气氛。互动式开场通常有两种方式。

1. 提问式。

即通过提问的方式引出一个故事,比如:"你们都听过苏武牧羊的故事吧?可是你们听过苏文放羊的故事吗?"听众可能会觉得很奇怪,接下来你就可以说:"没听过就对了,因为这个苏文不是课本里的人物,是我的一个邻居……"借用这种吊胃口的方式,能够快速把听众拉入你的故事中。还有一种提问式是针对现场的某个听众的,比如:"这位朋友,能不能给我说一下你最喜欢的食物是什么?"对方回答之后你可以说:"好的,今天我要讲的故事,也是和某个食物有关……"这种互动能激发听众的好奇心,就为你讲故事创造了良好的气氛。

当然，除了提一般性的问题之外，也可以提一些有深度的问题。听众能否回答上来并不重要，重要的是你要引起听众思考，这非常适用于学术性的或者社会性的演讲。但是不要用一个过于深奥且枯燥的问题让听众失去兴趣，如果你对此不确定，可以先请某个朋友听听这个提问，看看能否引起他的兴趣。

2. 讨论式。

讨论式和提问式不同，它需要和听众进行比较深入的互动，而不是简单地借助一个问题来开场，对听众而言更有代入感。比如，你可以随机让听众提一个自己关心的社会话题，对方提了"该不该买学区房"这个话题，你就可以了解对方的看法。听众表示自己不想买，但身边总有人怂恿自己，导致压力很大。那么你就可以在这段对话中选择"父母""教育""生活压力""社会认同"等多个关键词与你准备好的故事相结合。因为是听众所关心的，故事开场就能吸引大家的注意力，还能和某些社会热点相结合，故事的现实意义会更大。

故事的开场成功与否取决于演讲者自身的能力，每一种开场方式都有利弊，而你要做的是弄清演讲主题和故事的关联性，了解现场听众的人群特征，综合一切参考因素，选择最适合的开场方式。否则开门红会变成"开门黑"，让故事讲不下去，演讲也会失败。

精确的时间、地点

当我们初学写作文的时候,都会被老师告知要强调四要素:时间、地点、人物、事件。所以,很多作文的开头都会先满足前两个要素:某年某月,某地某处。于是,时间和地点成为很多人在叙述一个事件时首先要交代的要素。

事件如此,故事也是如此。故事的好坏,体现在很多叙述的细节上,细节越丰富越能体现故事的全貌;细节越精确,越能突出故事主题。而故事最重要的细节就是时间和地点。或许有人会提出疑问:故事最重要的不是人物吗?

其实,人物是在特定的时间和空间下存在的,故事情节也要依托于时间和空间,如果脱离了时空的限制,人物和事件就失去了生长的土壤。封建社会的愚忠愚孝放到今天未必值得提倡,因为时代进步了;饥荒地区靠捕猎珍贵的野生动物为食也不必大加谴责,因为特定的自然环境不同。所以,故事的时空决定了一切。

有的演讲者可能认为,时间和地点只需要简单交代一下就可以了,其中又能有什么学问呢?

时间对故事来说,不仅代表着发生的年代,还能够传递给听众其他信息,正是这些信息,让你的故事变得更加耐人寻味。比如你提到2020年,人们会想到新冠疫情,还会想到世界格局的变换,头脑中会产生"魔幻"这个词,这就为故事的发生发展铺设了基调,比"这是发生在前几年的故事"的表达效果更强。越精

确的时间,越具有相关功能,比如以下列举的三种:

第一,精确的时间具有简介的作用。

如果你对听众说:"我要讲一个发生在六七十年代的故事。"听众会有什么反应呢?有的人会想到是改革开放之前,有的人会想到三年困难时期,还有的人没有经历过,只有一个模糊的认知。总之,每个人都只能根据自己的理解去构建时代背景。这是因为"六七十年代"涉及二十年间的历史变迁,时间跨度过大,听众不知道你要讲什么,这对你接下来要讲述的故事就起不到简介的作用了。

如果你对听众说:"我要讲一个发生在1979年的故事。"稍有历史常识的人都知道,那是改革开放的第二年,听众就不会再联想起其他的时代标签了,因为你已经清晰地锁定了时间,听众就会据此大致做出判断:这个故事可能和改革开放有关,或者是改革开放背景下的一段特殊的遭遇。当听众做出这种判断之后,你的故事主题和主角的某些特征就渐渐清晰起来,因为特定历史时期的人物总会有特定的反应,这就是精确时间的作用。

第二,精确的时间能够唤起群体记忆。

一个好故事只有一个简介是不够的,它还需要让听众代入某种感情,而这种感情应该是能够跨越年龄、性别、职业、阅历等多种因素的,具有同一性和普适性。当然,这个时间一定要和人们的某种情感体验有关。比如2001年,那一年中国申奥成功、加入WTO以及男足入围世界杯决赛圈,当年很多国人都有一种扬眉吐气的感觉。所以提到"2001"这一年时,听众的记忆就会被逐渐唤醒，方便你提前为故事的氛围进行预热。

第三，精确的时间可以传递某种体验。

精确的年份会让听众联想到一些大事件，而精确的月份会让听众感受到更细致的体验。比如，你在故事的开场时说："那件事发生在1976年7月28日3时42分53.8秒……""1976"是中国历史具有转折性的一年，而"3时42分53.8秒"会让人意识到这个精确的时间往往关联着灾难，听众的情绪马上会被调动起来，接下来你开始讲述"唐山大地震"，人们这才想起"7月28日"那个炎热、令人窒息的盛夏，唐山人民乃至全体中国人民经历了一场浩劫，甚至还会想起在电影中看到很多灾民衣不蔽体的惨状。这样一来，故事的主要氛围就被铺垫出来了，而这个精确的时间也预示着你要讲的故事将以严肃性、历史性的方式开场，它对表现那些深刻、严肃的主题是很有必要的。

时间的精确，是对故事细节的渗透。一个模糊的时间段等于无效信息，因为它对故事的构建没有任何意义，听众也不会记住它。但是一个能烘托时代背景，唤起群体记忆的时间段，就会为故事的发展涂抹上一层色调。一个优秀的演讲者，也会是一个"时间管理大师"，能够借用故事发生的时间去辅助叙述，从而激活听众的感受。

当演讲者交代了精确的时间之后，接下来就是精确的地点了。地点是故事发展的舞台，也是各色人物展示其个性的舞台，人与人之间的微妙关系，离不开特定的地点。比如上司对下属的批判不能出现在大街上，恋人之间的缠绵不能出现在办公室里，

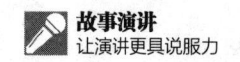

两个仇家之间的决斗不能出现在电影院里……地点虽然是听众看不见的，但是他们会用已有的知识和经验去理解。如果你设置了一个错误的地点，就会让故事的发展显得不合乎常理，故事中的人物行为也会变得古怪。

人物的性格和场景有什么关系呢？那就是故事的戏剧性。一个吝啬鬼来到一个高级购物中心，他可能会死盯着各种商品的价签，同时攥紧钱包；一个想要求婚的小伙子来到女友的公司楼下，会显得忐忑不安……简单来说，有些人物和情节只有在特定的场景中发生才有故事性，而换作其他场景会弱化表达效果。因此，演讲者在锁定故事的发生地点时，要选择最能产生故事张力的地点。比如，那个想要求婚的小伙子，他可能是从花店里买了花，然后一路走到女友公司楼下。他走了很长一段路，但是在花店里有值得描述的故事情节吗？没有。在路上有值得展开的故事情节吗？也不会有。只有在女友公司楼下，这个人来人往且有人可能认识他的地方，才会衬托出人物内心的紧张、激动和期待。

故事的发生地决定了故事的特质，越是精确的描述，越能在故事和主题之间建立联系，所以在大多数情况下，演讲者应当选择会让听众产生画面感的地点。对于那些真人真事，我们也要选择最有利于情节展开的地点，甚至可以稍做加工，在保证没有歪曲事实的前提下选择最合适的地点，这样既没有传递错误的信息，也能增强故事的感染力。

时间和地点，就像是故事大纲中的两只"眼睛"，它们决定了一个故事能否在一定高度和深度上推动情节。怎样才能掌握这种能力呢？一是你要对你的演讲内容有清晰的认识，二是多讲故事、多听故事，接触的故事模板越多，就越能总结出时间、地点对故事精彩度的重要作用。

丰富、清晰的情节

前几年，网络上十分流行一个词：内涵。在网络环境下，这个词的基本解释是：隐晦的、信息量大的、耐人寻味的……想要达到"内涵"的效果，就必须提供给人们足够的信息，只有丰富、清晰的信息才能引起联想，内涵就是信息构成的骨架和血肉。

很多演讲往往要持续几十分钟，很少中途休息，而其中穿插的故事就能起到缓解听众疲劳的作用，让他们切换思维，放松一下紧绷的神经。那么，如何能达成这一目的？故事情节。情节是否精彩，主要取决于两个因素：一是丰富，二是清晰。如果只具备其中一条，这个情节依然称不上精彩，只能说不是很烂。

何谓情节的丰富？是指故事包含的信息量足够大。但"大"并不意味着"杂"，而是要有基本的条理，简单说就是一波三折，有戏剧性的起因、发展、高潮、反转和结局。

第一，起因。

任何情节的推动，都需要有一个起因，但是这个起因需要使用一定的技巧来诱发，不能是一个过于简单的原因，也不能是一

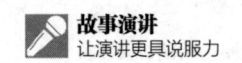

个让听众无法理解的借口。比如，你想讲一个客户经理和难缠客户周旋的故事，起因是什么？为了拿下订单、搞定客户。可以。但是这个起因太常见，也缺乏戏剧性，听众听了以后不会有特别的反应，所以要适当加工一下。比如让这个客户经理遭受上级的误解——认为他私下和客户接触出卖公司的利益，所以打算将他开除，这位客户经理为了洗脱嫌疑和自救，打算让客户证明自己的清白。这样的动因就把人物所处的困境揭示出来，容易博得听众的同情，他们就会关注接下来故事的发展。

第二，发展。

有了一个吸引人的故事开端，接下来的发展也十分重要，它能展现出你加工故事和讲述故事的能力。还是以客户经理为例，他想让被牵涉其中的客户为自己正名，然而这个客户因为在他的公司里遭受排挤，正打算通过这一单合同惩罚高层，所以他根本不会配合客户经理，反而利用他把事情弄得更糟。故事按照这种逻辑发展，情节就变得更加曲折了，其中暗藏的信息量也足够丰富，为听众展示了生意场上复杂的人际关系和利益博弈，听众自然想知道客户经理该如何破局。

第三，高潮。

当故事朝着对客户经理不利的方向发展时，人物的个性就开始凸显出来。客户经理为了洗刷不白之冤，开始分析客户为何会被排挤，因为这是所有问题的症结。后来他发现了能够解决这场争端的重要角色——客户公司的副总经理，于是他借用裙带关系与其接触，向他暗示不解决公司内斗将承受的恶果。与此同时，客户也在着手他的复仇计划。故事中各个主要角色轮番登场，推动情节走向高潮。当你讲到这个阶段时，相信听众都会竖起耳朵搜集各种信息，同时还会在脑海中猜测客户经理的最终命运。

第四，反转。

精彩的故事不能缺少反转。一般来说，反转不要超过三次，一次尚可，两次最佳，太过频繁就会显得艺术加工的痕迹严重，故事就失去了真实性。在客户经理这个故事中，我们可以让他和副总经理会面时意外撞见了客户经理的上级，结果得知上级才是出卖公司利益的人，只是为了甩脱罪名才嫁祸于他。当故事讲述到这里时，听众的大脑中已经充满了多个角色之间的博弈，并不断筛选其中的信息。正因为这种丰富的情节才让故事越来越引人入胜。

第五，结局。

结局是故事的收尾，也是突出主题的关键部分。有人认为高潮和发展才是精彩之处，其实那只是针对故事本身而言的，对于演讲者来说，他要传递的信息恰恰会安排在结尾。比如主人公的选择、次要人物的决定，甚至某个配角的行为等，如果结局处理得过于草率，那么之前精彩的情节设置也就失去了价值。

回到客户经理的故事上，当他得知自己成为己方公司和客户方公司利益纷争的牺牲品之后，他果断选择了辞职。他的上级当然是又惊又喜，因为这正中下怀。但是客户经理提出了一个条件：把贪污的公款悄悄补回去。上级无奈，只好答应。在客户经理离职之后，他没有去其他公司应聘，而是利用多年积攒的职场经验，变成了一个专门化解企业内部矛盾的咨询师，不再受他人驱使，成为很多高层的"编外助理"。故事讲到这里，听众会忽然意识到，这个故事表面上讲的是职场斗争，其实说的是人追求思想自由和财富自由的艰难过程，所引发的思考是持久的。

情节的清晰性包含着两个方面的内容，一个是故事主干情节的清晰性，另一个是故事细节的清晰性。只有主干清晰，听众才能明白你要讲的是什么以及主人公的命运走向；只有细节清晰，才能让听众了解人物的内心世界以及故事发展、反转时的关键信息。

如何讲述清晰的故事主干？其实就是让听众明白，主人公要解决的问题一直在推进，而不会不了了之。比如，你要讲述一个酷爱绘画的男生求学的故事，因为分数不达标，他只好混进美术学院偷听人家上课。那么接下来他可能会被老师或者学生发现，校方可能会处理他……这些由种种意外触发的事件都要围绕"求学"这个中心，如果你讲着讲着，把故事的主干扯到了男生和一个美术系的女生恋爱的故事上，那么之前"求学"的矛盾设定意义又何在？除非让这个女生帮助男生上学，否则一个摸不着头脑的爱情故事只会混淆听众的思维：这个男生到底追求的是什么？

至于细节的清晰性，就要求演讲者从生活和现实出发，更要从人物的内心世界出发，在一些细节的讲述上不要一带而过，而是应该适当地描述清楚。还是以那个酷爱绘画的男生为例，他在偷听别人上课的时候站在什么地方？他是不是没有椅子，保持着很难受的姿势？如果是冬天，他在走廊里或者窗台下要忍受阵阵寒风……这些细节才是最能打动听众情感的东西，千万不能把它当作无关紧要的部分删掉。一个故事越是能够抓住细节，就越能强化主角的闪光之处，凸显演讲者对整个故事的掌控能力。当然，并不是每个细节都要清晰叙述，那些和主题、人物、主干情节无关的细节就必须省略，比如男孩穿着什么衣服去听课，使用什么牌子的画架等。

小说是语言的艺术，故事是情节的艺术。一个精彩的故事，不仅有着成功的人物刻画，更拥有扣人心弦的反转情节，只要情节设置合理并能出人意料，那么人物形象也会得到强化。虽然很多听众不会永远记住那些情节，但是情节反转带来的刺激会让他们久久难忘，这也是故事千百年来深受欢迎的重要原因之一。

可视化的故事

自从互联网进入人类的工作和生活方式之后，图像信息也成为一个新元素，让人们的认知心理"门槛儿"降低了：一张精美的网络图片胜过千言万语，一个精致的头像胜过有趣的自我介绍，一段精彩的视频胜过逻辑严密的长篇大论……人们潜意识里似乎越来越重视图像信息。这个现象让我们不禁想问：图像化的故事是不是更能吸引听众呢？

有人认为故事应当是主题深刻的，图像会干扰听众的思路；也有人认为故事应当以情节为重，图像化是黔驴技穷的表现……

其实这些答案都走向了误区：故事的图像化和它的思想内涵、情节并不冲突，恰恰相反，它们是相辅相成的。一个图像化的故事能让听众产生画面感，等于在他们和演讲者之间打开了一道闸门。

事实上，有画面感的故事易于让听众领会到主题，易于展示出曲折的情节。如果听众始终不能被你的讲述代入到某个场景或者某种气氛中去，纵然你的故事里藏着再多深厚的思想也是无的放矢。

图片可以辅助故事，让听众不感觉单调。但是图片不能替代故事，因为它是静止不动的。而可视化的故事就像一部动画片或者一部影视剧，是连贯运动的。虽然它在不同的听众脑海中会有不同的变化，但正是基于各自的理解，才让你的故事能够被所有人接受。

那么，如何创造一个可视化的故事呢？

作为演讲者，应该在讲故事之前，把你要表达文字和使用的图片都罗列出来，然后分析哪些文字和图片可以转化成画面、哪些不能转化成画面，对后者要尽量剔除，对前者应当加大比重。比如，你要讲述一个男人冲进火场去救人，可视化的文字表达是这样的："滚滚的浓烟撞击在他的脸上，呛人的气味像是有一双手掐住了他的脖子，他整个人就像掉进了一个深不见底的烟道里。"在这段描述中，撞击、掐住脖子、深不见底的烟道，这些文字都是直接刺激人的感官的，会让听众立刻联想到相应的画面，你的描述就把他们代入到特定的环境中了。

如果你无法分辨出哪些语言可以转化为画面,那不妨把几处重要的情节写在纸上,然后对着它们去联想画面。如果能够快速勾画出某个场景,那就说明它对听众也有相似的作用,如果只能停留在文字层面,那么这段描述就要用形象的语言来代替或者直接省略。

把原本枯燥的语言转化为生动的画面,这仅仅是第一步工作。因为不同的故事需要对应不同风格的画面,而学会分门别类才是体现演讲者讲故事能力的关键。

第一,海报式的画面。

我们都看过一些设计精美的电影海报,虽然它们是静态的,但是艺术感很强,人物充满动势,会在我们的头脑中产生动态的效果。

打个比方,你讲述一个创业团队的故事,想要表达的主题是团结协作。在你描述完每个人的特点之后,团队中的几个人就像电影海报上的主角并排站在了一起。尽管是静态的,可是他们之后可能遭遇的一系列挫折和考验,会让听众"自行脑补"出的海报上的人物表情发生变化——这自然要靠听众的想象来完成。这种"众生相"式的人物关系,其设定的基础就是一张"定妆海报",也就是说你对每个角色的外貌和心理的刻画非常重要,因为一旦成形,它们就会植入听众的记忆中,情节的推动也会以动图的效果呈现。

第二,信息表式的画面。

对于学术类的演讲来说,其中穿插的故事要有一定的科学性，不能过于追求娱乐性。因为它探讨的主题往往比较深刻，所以呈现在听众脑海中的，更多的是有价值的信息，比如一些统计数据、柱状图、三维效果图等，这和听众自身的知识结构和认知经验有关。所以，讲述这类故事的时候，演讲者应当传递更多的科学信息，这才是打动听众的关键。

如果你要讲述的是薛定谔的故事，必然会讲到量子叠加等专业概念，那么呈现在听众脑海中的可能就是三维效果图，这些图像越清晰就越有助于听众思考，就像把一本参考书摆在桌面上让他们答题一样。那么，如何构建这样的画面呢？你在讲故事的时候可以辅助一些板书，把有关的数字罗列出来，或者借助一两张图片，听众会逐渐在脑海中构建草稿。而薛定谔本人的角色形象并不重要，重要的是对他提出的理论数据的思考。

第三，幻灯片式的画面。

这是和电影海报完全不同的一种表现方式。虽然图片本身没有动态展示的功能，但通过一张接一张的播放能够整合成一个可视化的故事。通常，这种画面较多出现在社会、人文一类的演讲故事中。比如达尔文提出进化论的故事，听众会在你讲述时，在脑海中一张张闪过猿人、类人猿、智人等侧面行走的示意图。在这里，画面偏重的是注解功能而非数据功能。想要创造这种效果，需要演讲者在讲故事的时候有"段落感"。在上例中，就是要准确地描述人类进化的每一个阶段，而不要用诗意的、笼统的语言去介绍，否则幻灯片就变成了"一图流"，无法在听众的思维中建立衔接关系。

第四,绘画板式的画面。

当我们要讲述一个悬疑故事的时候,为了营造神秘和紧张的气氛,不需要让听众的脑海中呈现太过清晰的画面,而要有朦胧感,也就是让画面中的事物一点点地凸显,就像小孩子使用绘画板绘画,从线条到轮廓,从轮廓到细节,再从黑白变成彩色,只有遵循这样的顺序,才能让故事具有抽茧剥丝的解读价值。当然,创造这种气氛并不容易,需要演讲者在讲述时"说一半留一半"。

举个例子,你讲述一位侦探进入一座古堡寻找线索。为了产生神秘感,你可以描述城堡的外观:"墙壁爬满了常春藤,剥落的墙皮偶尔会掉在头上,某个角落里好像有乌鸦在做巢……但是推开门之后,里面就是黑漆漆的一片,只感觉有腐烂木头的味道,那可能是老式的家具。"这样的讲述既给了听众想象的画面,也留下了看不清的模糊部分,有助于你在故事中埋下伏笔。

第五,"动图"式的画面。

如果你的故事是百分之百还原现实,而故事中的主角又是大家耳熟能详的人物,你既无法创造出神秘感,也没必要去培养学术氛围,因为听众早就在脑海中建立了清晰的人物形象,那么你要做的就是让人物"动"起来。因为听众可能在现实中见过主人公,所以他们不会在脑海中把主角转化为电影海报或者幻灯片,而是会呈现一个或几个"动图"。想要达到这种效果并不困难,只要你能抓住人物的某个特点进行描述,听众自然会提取记忆生成动画。比如,你讲述的故事主角是一位勤劳能干的模范人物,

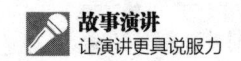

听众都是他的同事，那么只要你讲到"他穿着那件你们看了五六年的旧衣服走过来了，脸上挂着憨厚的笑容……"听众的脑海中就会浮现出他日常工作的画面，而且还是一连串的动图。

第六，漫画式的画面。

有的演讲主题并不严肃，而演讲现场也需要活跃气氛，这时你可以讲一个幽默的故事。故事的角色不管是来源于生活还是出于想象，都可以进行适度的艺术加工，这也是听众默认的，因此在他们脑海中呈现的也是漫画人物形象：有着很大很长的鼻子，有着很高的额头……总之，故事画面是超现实的，这也符合听众想要放松身心、舒缓思维的潜在需求。为了达到这个目的，你需要用语言上的夸大来创造画面上的夸张："老王饿了一上午，一张嘴就吞进去半张饼，让人想起《海贼王》里路飞抱着大橡胶果往嘴里塞的画面。"借用这种描述，你能够从一个细节或者一个侧面去刻画人物，让听众久久难忘。

可视化的故事，要植根于故事角色、演讲类型、现场氛围以及听众属性等多个因素。它需要演讲者在讲故事之前先在脑海中演示一遍，只有确定自己"看到"了画面并认为切合主题，才能把它呈现给听众。

引起共鸣

没有人想让悲剧发生在自己身上，然而很多人却喜欢看悲剧

第二章
为有说服力的演讲做准备

作品,这恐怕不仅是因为人类存在悲剧情结,更是因为人们渴望通过一个境遇悲惨的人来获得心理共鸣。这或许是人们内心孤独的表现,或许是善念无法实现的缺憾。总之,大多数人都有与他人共鸣的可能,就像我们渴望找到知音一样,是一种情绪需求,能否抓住这个点决定了演讲的成败。

演讲的目的是向听众传递一种思想和态度,这是其一;还要让听众从内心深处认可并接受,这是其二;通过听众将思想和态度进行二次传播,这是其三。相比之下,最重要的一环就是第二步,让听众从内心深处认可你,只有他们认可了才能传递给别人,才能起到激励人心的作用。

那么,如何让听众认可你传递的信息呢?说服?这很难。别说是三观已经成熟的成年人,即便是处于成长期的青少年,也不会轻易被你的思想掌控。事实上,最有效的方法是求同存异,先不要想着如何说服听众,而是在你和他们之间找到共同点,通过它把你的感动传递给听众,达成精神层面的共振,最后上升为意识层面的共识。那么,如何让听众和你产生共鸣呢?

第一,身份认同。

人和人如果具备了某些共同的社会标签,通常会产生亲近感,这是情感共鸣的外在条件。与听众产生亲近感并不难,只要让故事的主角和听众有一定的相似度就可以了。比如你要做一场有关自律戒烟的演讲,你的听众都是些"顽固不化"的老烟民,那么故事的主角最好设定为一个想要戒烟却多次失败的烟民,他很不满意自己的表现,因此一直活在痛苦和自责当中。

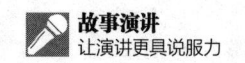

为什么要把角色设定得如此复杂？因为对"自律戒烟"感兴趣的群体肯定具备三个特征：第一，他们有戒烟的愿望；第二，他们还没有戒烟成功；第三，他们经常在戒烟和复吸之间徘徊。所以，你创造的角色要与听众的某段经历相重叠，这样听众才会关心主角的最终选择和结局，你的故事才有更多人关注。

第二，话题关注。

共同关注的话题能让人和人之间拉近心理距离，以此为切入点就能让听众愿意了解你讲的故事。因为面对自己感兴趣的信息，人的情绪会处于亢奋状态，更容易被一些信息元素所刺激，而这正是引发共鸣的必要条件。

美国有一个名叫休斯顿的人，曾经是商会会长，他为了让听众和自己产生共鸣，每一次演讲中都会提到他们共同面对的威胁。比如他在俄克拉荷马大学的演讲时这样说："各位俄克拉荷马人，对于那些善于危言耸听的贩子们应该是再熟悉不过了。各位稍稍回忆一下便会想起来，他们一向将俄克拉荷马州列于书本之外，以为它是永远绝望的冒险……"休斯顿以俄克拉荷马人的命运作为开场白，这是当地人最为感兴趣的话题，让大家都认为休斯顿是有备而来，也关注他们的命运走向，所以很容易产生共鸣。

第三，需求相近。

演讲者还可以通过共同需求与听众产生共鸣。想想看，如果你是一个排队打饭的学生，饥肠辘辘地看着食堂大师傅慢悠悠地给别人盛饭，你是不是会向身边同样焦急等待的同学抱怨几句呢？讲故事也是如此，如果你面对一群不懂育婴知识的新手父母，讲一个同样初为人父的人带孩子的故事，那么听众就会因为共同需求而认真听下去，因为他们渴望从中获得启发和共鸣。

第四，设置合理障碍。

人们常说，敌人的敌人就是朋友。两个不同的人产生亲近感，未必需要身份认同和观念一致，如果拥有一个"共同的敌人"也会加深他们之间的感情。当然，这个"敌人"不一定是具体的某个人，也可以是某一样事物，甚至是自然灾害或某种社会现象等，但不能是鬼魂、世界末日这些不着边际的东西。

打个比方，你要做一场有关"职场生存法则"的演讲，你想通过一个职场新人的故事引起听众的共鸣，那么不妨创造一个挑剔、易怒甚至蛮不讲理的上司，因为这样的角色对很多职场中人并不陌生。也可以不制造反面角色，而是为故事主角制造困难——升职困难、没有年假、客户不好对付等，让听众与主角同呼吸共命运，这样他们就会关心职场新人在对抗困难时的抉择了。

第五，与人类生存息息相关的话题。

上述我们提到的很多共同点，其实都有些"小家子气"，适合听众属性比较统一的演讲场合，比如同行业、同年龄段、同一所学校等。如果你的听众来自五湖四海，亦有三教九流呢？这时不妨把共同点放大，比如生老病死，这些是任何人都会关注的问题。当然，你的演讲主题可能没有那么大的格局，也许你只是想要推荐一台吸尘器，但是你可以用人类的健康作为共情点，让那些长年忙于家务的人都能意识到吸尘器对家居环境的重要性，而

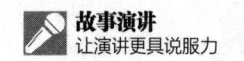

这正是你能在故事中发挥的地方。

第六，必要的语言技巧。

除了对故事本身进行设定之外，演讲者还可以利用某些语言技巧让听者产生共鸣。比如，能用"我们"就不要用"你们"，能用"你们"就不要用"他们"，让演讲者和听众站在相同的立场和视角上，彼此的距离缩短了，共情点也随之增加了。

第七，选择适合的对象。

演讲者要知道故事讲给谁听，而针对不同的人群有不同的讲述方法，这是一种有意识地挖掘故事细节的关键，甚至是塑造人物行为动机的关键。打个比方，一个有关淘金者发财的故事，针对年轻人可以讲励志，针对资本"大咖"可以讲投资，针对女性可以讲择偶……因此想要实现共鸣，就要先把故事创作成听众需要的样子，这样才能吸引听众。

引起共鸣，是一个听起来很难但实操起来并不难的技巧，因为我们生活在同一个世界，总会找到共同之处。你之所以没发现，大概率是缺少必要的了解和沟通，只有当你熟悉听众之后，才会找到他们存在的某种共性，它就是连接你故事的关键点。毕竟，人是社会性生物，这也是演讲这种"一对多"沟通手段所依存的基础。

转折的技巧

美丽的溪流往往九曲十八弯,而精彩的故事必定一波三折。演讲者想要抓住人心,首先要学会"造势",将故事中最吸引人的情节和段落进行艺术化的处理,营造出一种曲径通幽的艺术效果,这样才能吸引听众一步步走进去。

故事如果毫无波澜,就会让听众感到厌倦,甚至昏昏欲睡。所以要让故事听起来波澜起伏并且富有戏剧性,才能引人入胜,最简单也最直接的办法就是使用转折。

讲故事的转折并非修辞中的"起承转合",也不是简单的"虽然……但是……",而是一种推动故事情节高效展开的艺术手法。它的核心目的是让听众的心理产生波动,认知被颠覆,由此被迅速代入剧情。

第一,设置悬念。

精彩的故事需要先设置悬念再揭开谜底,这样就能营造出曲折离奇的故事主线,让故事更具吸引力。比如你要做一次有关环境保护的演讲,不妨以这样的开头讲一个故事:"他是地球上唯一的幸存者,因为恶劣的环境剥夺了几乎所有人的生存可能,然而孤单一人真的能活下去吗?就在他思考这个问题时,门外忽然响起了敲门声……"通过这种卖关子的方法,把听众的胃口吊起来,他们会关注这个敲门的人到底是谁。

第二，铺陈渲染。

有时候为了阐述对某件事的看法，可以从其他角度或者侧面进行烘托和渲染，以产生先声夺人的气势，从而将听众的思绪代入到特定的氛围中，这时再结合演讲主题去讲故事，感染力就会强很多。比如，你要讲一个有关抗洪抢险的故事，不妨这样开头："雨声突然急骤起来，从院子里到大街上，迅速地连成了一片水塘，随后就是绵密有力的雨点疯狂砸下，水面上出现了无数开花的僧帽形的水泡，一场暴雨突然来袭了！……"这样的开头让听众感受到了暴雨将至的恶劣天气，不由自主地产生代入感和紧张感，进而关心接下来会发生什么，一步步被引入到主题上。

第三，欲扬先抑。

所谓抑指的是贬低，而扬是指褒扬。在讲故事的时候，如果使用欲扬先抑的策略，能够让故事产生一种反差，制造跌宕起伏的气氛，让故事变得有动感。一位美国的女官员在演讲时讲到了自己的故事："我的生母是个聋哑人，因此没有办法说话，我不知道自己的父亲是谁，也不知道他是否还在人间。我这辈子找到的第一份工作，是到棉花田去做事。如果情况不如意，我们总可以想办法加以改变。一个人的未来怎么样，不是因为运气，不是因为环境，也不是因为生下来的状况。"讲到这里，听众都对这个女官员的身世感到同情，认为她的出身实在太可怜了。然而接下来女官员这样说："我的名字是阿济·泰勒·摩尔顿，今天我以美国财政部长的身份站在这里。"通过欲扬先抑的叙述手段，让听众对女官员的人生感到好奇：她究竟是如何从一个出身低微的可怜孩子成长为财政部长的呢？听众就会对后续的故事产生浓厚的兴趣。

第四，语意转折。

讲故事的时候，如果采用语意转折，能够形成情节和情感上的落差，让故事产生动人心魄的力量，提升故事的魅力。如果你想做一个有关人生奋斗的演讲，故事的开头可以这样设计："三年前，这个男人欠债不还，骗吃骗喝，连无线网都要蹭邻居家的，大家都说他是'loser'（失败者）。现在他偿还了债务，回报了帮助过他的人，连邻居都给补偿了宽带费，可大家还是叫他'loser'，因为他用开了一家'No loser'的网站，专门帮扶年轻人创业。"同样一个"loser"，在不同的阶段表达了不同的含义，从鄙视到励志，产生了强烈的对比，引起听众的好奇：这个男人是如何奋斗成功的？我是不是也可以不再成为"loser"？所以大家会认真听这个故事。

第五，不断推进。

不断推进是采用三个或者三个以上结构大致相似和字数大致相同的语句，将某个故事情节层层推进，营造一种强烈的声势，利用这种造势让听众的认识进一步深化，加深故事留给听众的印象。它的特点是让语言一环紧扣一环，从而形成一种层次美。比如，你要讲一个模范人物时可以这样说："这就是我们的王师傅，一个没有儿女的慈祥父亲，一个几十年如一日的模范标兵，一个真正无私的人，他用自己的忠诚为工厂奉献一生，成为无数人的榜样。"在这段讲述中，先是用三个"一个"来形容故事主

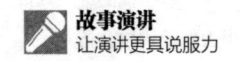

角的人生特点，然后再用"一生"来歌颂他的成就，讴歌了主人公身上具有的模范风度和伟大精神，带给听众强烈的精神感召力。

第六，连续反问。

连续反问一般只问不答，表达的是某种确定的思想内容。这种连珠炮似的反问能够增强情节的波动色彩，让听众感受到强烈的冲击力，容易唤醒他们心中的情感并产生共鸣，这种共鸣会将现场的气氛推向高潮。比如，你想做一个"唤醒社会大众不再冷漠"的主题演讲，不妨这样说："我们对陌生人的冷漠真的能让我们免遭不测吗？能够让我们的良心安稳吗？能够让社会风气更好吗？"借用这种反问的方式，能够让听众陷入深思之中，更容易激发他们潜藏的道德心和社会责任感。

转折是一种实用的讲述技巧，能够让听众被故事的曲折性感染，从而加深印象，引发对演讲主题的深刻思考。与此同时，演讲者创造出了戏剧性的故事氛围，会把整个演讲推向高潮。

巧妙的倒叙和插叙

从学生时代开始，语文老师就向我们传授各类修辞手法，我们渐渐知道叙述一件事情的来龙去脉是有技巧的。在听众看来，你知道故事的结局是否圆满而他们不知道，你了解故事的过程是否精彩而他们不了解，那么究竟从故事的哪个部分入手才最容易抓住听众呢？

讲故事最忌讳平铺直叙。一般来说，常见的叙述方式有三种：顺叙、倒叙和插叙。顺叙是完全按照故事发展的时间轴线来讲述，它的优点是逻辑清晰，不会让听众产生误会，对讲述者来说也容易把握，是比较常见的讲述方法。但是，顺叙也有很大的缺点，那就是缺乏悬念，缺乏叙述的技巧，对事件只能机械地讲述。

倒叙是根据表达的需要，将事件的结局或者某个最重要的情节放在前面叙述，然后再按照事情发展的原来顺序进行描述。这种叙事方法需要讲述者有一定的技巧，也需要听众在脑海中理清先后顺序。它可以充分制造悬念，激发听众强烈的好奇心，关注事情到底是怎样发展到这一步的。对演讲者来说，想要把听众牢牢地"锁定"在椅子上，倒叙是最好的选择之一。

《我的伯父鲁迅先生》一文，采用的就是倒叙的方法。先是写到鲁迅先生去世后很多人前来吊唁，自然就引出了一个悬念：为何鲁迅会受到这么多人的尊敬和怀念呢？接下来，文章开始一五一十地介绍发生在鲁迅身上的几件事，解释大家爱戴鲁迅的原因。这种表达方式增强了故事的生动性，很容易抓住读者的心，避免了单调叙述的枯燥。

倒叙是一种增强悬念的讲故事的手段，也有利于演讲本身，因为任何演讲都需要一个鲜明的主题，这个主题就相当于故事的结局。如果放在最后说出来，那么在漫长的时间里，听众就会不耐烦地猜测演讲者到底要表达何种思想。如果中间讲得不够精彩，听众很容易失去兴趣，甚至会认为演讲者的表达能力有问题。所以，避免这种现象的最好办法就是倒叙：先把你的观点讲出来，让听众心中有数，接下来就是验证这个观点。这个叙述技巧和很多新闻通稿相似：先是简要报道一个事件的结果，然后再详细介绍发生的过程。

倒叙的精髓在于，将故事中最引人入胜的部分提前展示出来，让听众眼前一亮，认为这个故事是有趣的、吸引人的，这样接下来的情节即便有些平淡，听众也不会太过在意，因为他们看到了一个精彩的结局或者高潮。毕竟，想让一个故事时时处处都吸引听众是非常困难的，而倒叙就是一种讨巧的办法。

张艺谋的电影《英雄》，为何一开头就能抓住观众呢？是因为采用了倒叙的手法，让无名在秦王面前讲述如何杀死三名剑客的故事，瞬间激起了观众的好奇心，也让剧情发展跌宕起伏，自然就回味无穷。同理，演讲者的故事是为演讲主题服务的，在故事的开始就抛出一个卖点，能够强化听众对故事的印象，对你借用故事来阐述演讲主题十分有利。

除了倒叙之外，插叙也是一种叙述技巧，而且更为复杂。插叙是在叙述事件的过程中，为了更好地刻画人物或者发展情节，暂时中断叙述的轴线，插入一段和主要情节有关的内容。从操作难度上看，它比倒叙更难把握，但是从表达效果上看，它具有更好解释故事悬念和故事主题的作用。

鲁迅的《故乡》中，当主人公和母亲谈到闰土时，插入了一段有关少年闰土的回忆，一个生动鲜活的农村少年形象树立起来。然而中年闰土和主人公见面后的一声"老爷"，又展现出一个饱受艰辛和摧残的底层人民形象。正是有这段经典的插叙，才让人们深刻认识了壁垒森严的封建等级观念，深化了故事主题。

对演讲者来说，插叙的使用会让故事中心和演讲主题得到更充分的补充说明，强化听众对你要传递的信息的理解，也让整个故事更接近现实生活：生活中我们在遭遇一些事情时，有时会想起某个人或者某件事，这恰恰是故事构成的常态。

需要注意的是，插叙和倒叙不同，它不能独立地作为一种叙述手法，而是要以顺叙作为基础，在故事的开端仍然要按照时间轴线来推进。它对演讲者的语言把控能力要求更高：你必须让插入的内容和前后的故事情节衔接自然，否则会产生凌乱感，从而使整个故事"崩掉"。

总的来说，倒叙和插叙都是让故事在讲述的过程中更具有艺术性。这种艺术性会强化故事的感染力，让你的故事变得与众不同，让听众畅快淋漓地体验他人曲折的经历，从而强化故事主题。

倒叙和插叙对故事有三大好处。

第一，抒发人物情绪。

倒叙以高潮或者结果开头，会让故事的主角进入到一个不同寻常的状态中，人物本身的感情更容易被激发出来，更容易与听众产生情感共鸣。插叙往往关联到回忆，会让角色想起往事。

第二，推动情节发展。

倒叙虽然不能改变故事的节奏，但是它强化了听众的好奇心。听众在接收信息的时候会进行快速的加工，就好比在观看电影时忍不住快进一样，这种主观上的急迫感会促使故事的发展速

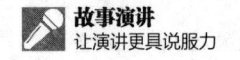

度加快。插叙往往植入一个情节反转的元素，让故事变得更加不确定，人物也蒙上了一层神秘色彩，或者刷新听众的认识，起到推动情节发展的作用。

第三，深化主题。

倒叙将结局放置在前，让听众一上来就能加深印象，而顺叙只能在结尾时将主题表达出来，听众的印象不够深刻。插叙所选择的人物和故事，都是跟主题有关的，所以它的出现等于提醒听众用何种视角去评价故事中的角色或者某一段情节，也在客观上突出了主题。

倒叙和插叙都是让故事变得更多样、丰富的方法，它们存在的意义是强化故事性，而非哗众取宠，对于有些题材来说并非适用。比如，你要讲一个反转巧妙的幽默故事，用倒叙的方法就会率先抛出包袱，提前曝光笑料。或者，你要讲述一个不太重要的故事情节，无端采用插叙会让听众莫名其妙，反而成了累赘。总之，讲故事的手段不是唯一的，但它们都是为了演讲主题而存在的，不能帮助强化主题的技巧都是多余的，切忌滥用。

注意事项

想要成为优秀的演讲者，需要进行长期的修炼，不是一朝一夕能完成的。不过可以凭借一些小技巧来提升自己的演讲水平，特别是在准备时间不够充分的情况下，能够帮助演讲者达到速成的目的。对听众来说,如果你在演讲时不断暴露经验不足这个弱点,他们会对你演讲的内容产生怀疑,从而直接影响到演讲的效果。

比较常见的注意事项有九条:

第一,熟悉故事内容。

如果不是自己亲身经历的故事,那就要把故事情节反复看几遍,然后再多讲几遍。如果时间紧迫,那么至少要看一遍再讲一遍,从情感和认知上熟悉它们,把故事中的人物想象成你身边的一个好朋友。如果你在演讲现场忘记了某个情节,可以根据角色的性格编造一个相似的情节,但不能脱离故事主线。

第二,控制好时间。

一般来说,演讲中引用的故事不要太长,一是因为长篇故事对讲述者的要求较高,稍有不慎就会失去对节奏的控制;二是因为长篇故事容易让听众挑出毛病并产生审美疲劳。至于故事的时长要根据你的演讲总时间来定。目前营销界有一个"333黄金比例"原则,即三分之一的时间讲案例(故事),三分之一的时间讲干货,三分之一的时间成交。虽然演讲未必和营销挂钩,但从时间的整体分配上看,故事的时长控制在三分之一还是合理的。因为你肯定还需要讲理论、与听众互动等,如果故事占比太长或者太短,要么喧宾夺主,要么效果太弱,这需要演讲者来控制好。

第三,放慢语速。

讲故事的时候,语速越快,越会让自己紧张,也会让听众听不清细节,对你和听众都会造成负面影响。如果将语速适当放

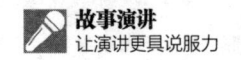

慢，既能够让听众有时间去消化细节，也有利于你回忆故事的主要内容。但是，有时候为了追求艺术效果，在讲到一些特别的桥段时可以适当加快语速，营造出一种紧张感，这就好像很多说书人在讲到两个武林高手对决时会加快语速一样，是为了制造一种紧张的气氛，有利于推动情节。总之，讲故事的整体语速要放慢，在个别情节展开时可以加快。

第四，提高音量。

虽然很多演讲场合都有麦克风和扩音器，但这并不意味着你可以用正常说话的音量去讲故事。声音提高一点会显得更加正式一些，也会让你的发音、语调和措辞更有底气。听众会认为你的情绪是激昂的，也会认为你对故事的内容和主题了如指掌，在无形中提升了故事的可信度。当然，提高音量要掌握好尺度，那种尖锐刺耳的声音会让听众很不舒服，继而对你的演讲产生抵触情绪。

第五，不要滥用手势。

前面我们说过，肢体语言对演讲非常重要。但如果你设计不出合适的手势，或者你是一个不善于使用肢体语言的人，那么还是避免滥用为好，否则会让听众觉得很别扭，也会增加你的紧张感和不适感。因为你会分散注意力去琢磨怎么打手势，这会影响你的正常思路。因此，与其做拙劣的肢体动作，不如使用你最熟悉最舒服的姿势。

第六，少用语气词。

很多人在讲故事的时候，经常会说"呃""啊"等语气词，这也是人们在回忆故事情节时的本能反应。虽然这是为了顺利换气的一种习惯性生理反应，但在演讲中最好规避，直接用停顿代替语气词，这也是演讲中常见的表达习惯，听众对这些短暂的停顿并不会特别在意。你还可以借助停顿给予听众思考的时间，同时增强叙述效果，比如停顿后故事突然发生了大转折。之所以在讲故事的时候避免使用语气词，是因为它们会让故事听起来很像是临时编造出来的，影响可信度。

第七，提早到会场。

演讲者要早于听众来到会场，就像重大考试之前的验考场一样。这么做是为了适应周围的环境，看看自己在讲述的时候是否可以利用现场的特点来临场发挥，比如现场的大小、布置、回音效果等，同时也能消除压力和紧张。另外，从社交礼仪的角度看，如果听众都坐好了你才出现，会让大家觉得你为人傲慢。

第八，避免道歉。

讲故事的时候，总会有一些口误或者是因为紧张造成的结巴等尴尬情况，这些的确会降低听众对你的认可程度，但不要因为犯了这些错误而影响你的情绪，更没必要马上道歉。因为很多听众不会在意，而你一旦道歉就打断了正常的节奏，反而会破坏故事的连贯性。除非是严重的错误且台下出现了反应，否则不要停下来道歉，不妨等到故事结束之后再纠正错误，这样就会保持故事的连贯性。

第九，享受讲故事的过程。

有一类演讲者，也许并不是出于主观意愿才演讲的，所以他们对演讲本身很排斥，希望尽快讲完早点脱离苦海。然而越是这样，越会发挥失常，听众也能察觉出你是在敷衍他们。事实上，无论是真的喜欢演讲还是被迫演讲，它本身其实并没有那么痛苦。演讲是和很多人交流的一个机会，也是历练自己的一个宝贵机会。

演讲有很多"注意事项"，虽然它们看起来无足轻重，可如果每一个小细节都出现了失误，那么整场演讲就会变得"面目全非"，你和听众之间就难以培养默契度和互动感，演讲也会以失败告终。

3. 细节

带听众去旅行

当今社会，很多商家都喜欢贩卖一个名词：体验经济。简单说，就是让顾客通过产品或者服务获得独一无二的体验，然后产生消费行为。如果借助这个商业思维去看待演讲，我们是不是可以推导出：一次成功的故事演讲也是一次优质的体验呢？

答案是肯定的。但是"体验"这个概念范围太大了，究竟听众需要的是什么类型的体验呢？如果形象地比喻，可以将演讲看成是演讲者和听众之间共同参与的一场旅行：优秀的演讲者如同

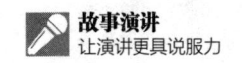

一位出色的导游,能够带着听众进入一个新奇神秘的世界,让听众在意犹未尽中听完一个精彩的故事,然后产生对世界、社会和生命的思考,让一个原本难以理解的中心思想,通过这段奇妙旅程被人理解。

那么,如何才能从一个演讲者变身为一个出色的"导游"呢?很简单,让旅程变得"惊心动魄"又回味无穷,让听众认为你是一个无所不能的"超级向导"。

1. 故事主线:不能偏离,也不能扩大。

再美丽的风光,也需要有向导指引,否则你可能会迷路,而这个路线就是故事的主线。如果向导一时兴起,把听众带到了其他路线,那么听众就会错失"美景"——也就是错过了精彩的故事。

演讲者可以在讲述故事的时候临场发挥,这是为了适应现场的气氛,但发挥要有限度,不能偏离原本的故事主线。因为主线是你事先准备好的,是在保持理性的前提下设定的,不可更改。

如何锁定故事的主线呢?首先要弄清以下问题:你的听众是什么人?他们的知识结构如何?他们都关心什么样的问题?打个比方,如果你的听众是中学生,他们更关心的是学习、升学等问题,你就要给他们传授学习和报考之道。如果你的听众是大学生,他们更关心的肯定是就业或者考研,你就要和他们分享求职和读研的经验心得。摸清了需求,你就知道该讲什么题材的故事,以及需要一个什么样的主角和故事内核。

为了不让主线被分散,演讲者要懂得详略得当,对重要的情节和人物可以多讲述一点，而对无关紧要的就要略去，以使听众顺畅地接受信息。如果你事无巨细地描述，听众很可能会找不出故事主题所在。

优美的风光是无限的，而听众的时间和精力是有限的。作为向导要把最具代表性的美景介绍给游客欣赏，所以，故事的主线必须有一个清晰的视角。

视角可以是作为主人公的第一人称视角，也可以作为旁观者的上帝视角，无论选择哪一种，都应当突出人物和情节。比如，用第一人称视角的，可以是悬疑故事、历险故事等，能够吊足听众的胃口，营造出一种紧张神秘的气氛。如果用上帝视角，可以是刻画人物的纪录片式的故事，也可以是描摹众生相的大格局的故事。总之，演讲者要充分利用不同视角的特点，为听众呈现一个有趣的故事。

2. 建立信任关系：让听众愿意在你身上"浪费"时间。

向导带着一群游客去一个陌生的地方旅行，相互之间要建立足够的信任，否则游客不会听向导的，向导也管理不好旅游团队，因此信任感是必须要建立的。同样，演讲者在讲故事的时候，无论是真实题材还是虚构故事，都要让听众相信：这个故事对你们是有益处的，能给你们带来启发。为此，演讲者要做到以下几点：

第一，要多和听众进行眼神、表情方面的沟通。这些无声的沟通能够让听众被你紧紧抓住，让他们对你的故事保持注意力。第二，展示平等。无论你和听众有多么大的地位差异，你都要避

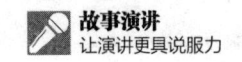

免让听众感受到这种差异，要创造相互平等的感觉，这样听众才会乐于接受你传递的信息，而不是被动去接受。第三，多让听众发笑。不管是什么题材的故事，都不能设定得过于沉闷严肃，总要有一些让人轻松的情节设置，让听众既能吸收到新的知识和经验，又能开怀一笑，笑声过后，他们会在无形中和你拉近距离。第四，避免自夸。哪怕你是某个行业里的顶尖专家，也不要炫耀你的任何技能或者经历，这会让听众十分反感，对你的故事也会失去兴趣。

3. 巧妙解释：深入浅出介绍难懂的知识。

向导除了引路之外，还有一个重要的职能就是为听众介绍沿途的人文风光。其中可能涉及文史知识，也可能涉及自然知识，面对知识结构层次不同的游客，向导只有用深入浅出的词语去解释才能让大家满意。同样，你为听众准备的故事中，难免会有一些晦涩难懂的知识点，那么你要如何解释呢？你应当考虑如下问题：听众最想知道的是什么？你的故事关联着什么主题？

演讲者要从听众的角度出发，去试想他们是否愿意学习和自己生活无关的知识以及这些知识是否有趣。如果答案是否定的，那么只要简单解释一下就行，不要延伸。如果听众有兴趣了解具体内容，你就要替换一部分专业词汇，用听众能听懂的语言去解释。有人认为，专业性的词汇很难替换，其实很简单，你可以多采用比喻的方法。比如你要解释"量子纠缠"，可以把它描述成一对男女互相看了一眼之后，就在心中留下了印象，并时刻期盼着再次见面。当然，这个比喻并不能完全解释如此深奥的概念，但是对非专业的听众来说,这个比喻足以帮助他们理解。还有一种解释方法,如果对甲解释不清,那你可以换一种思路:解释甲不是乙,而这个乙是听众能够理解的,这样也能让听众流畅地接受信息。再或者,你可以通过举例让听众理解。总之,方法不是唯一的,关键是你要明白:听众和你的信息并非对称的,你作为向导要弥补这种不对称。

4. 正确演示:让听众信服你。

演讲者的故事仅仅打动听众是不够的,还要让他们信服故事传递的有价值信息。比如,你要通过一个广告策划的故事向听众展示你总结的某种工作方法,你的故事说完了,听众的情绪也被调动起来了,接下来就可以在现场演示一下这种工作方法的独特之处,要让听众参与进来,亲眼看到。如果你觉得有难度,也可以通过图片或者视频演示一段这种工作方法的实际操作,这样才能让听众将故事和现实有机结合在一起,否则听众会主观地割裂故事和现实的关系。对于产品营销类型的演讲,更需要在现场展示产品让听众认可,这是绝不能省略的环节。

一场令人满意的旅行,不仅要有足够吸引人的风景(故事内涵),更需要有向导的指引和介绍(传道解惑)。所以演讲者要对自己传递的信息进行甄别和筛选,切莫让听众把时间消耗在毫无意义的故事中。你应当先听一遍自己的故事,然后追问:我能不能从中领悟到什么?

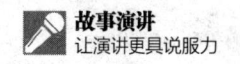

故事的可信度决定了听众是否买账

现如今，一些资深的网民在看到一条爆炸性新闻之后，第一反应恐怕不是盲目表态，而是质疑：这件事是真的吗？接下来会有反转吗？造成这种反应的原因在于，一些可信度不高的新闻导致我们产生了错误的认识，所以才会求证信息的真实性。同样，一个故事的可信度也决定了我们对它的接受程度。

任何演讲的主题，最终都要和我们生活的现实世界相关联。也就是说你的理论要来源于现实、应用于现实，否则演讲就失去了现实意义。当然，为了演讲而讲的故事未必非要取材于现实，可以是虚构的，但必须有可信度。

故事的真实性，其实就是"加工艺术"的真实性，这是虚构世界的真实性法则，而非真实世界的法则。也就是说，故事中讲述的情节未必需要和现实一一对应，那么衡量它是否真实的标准是什么呢？

某个故事是否可信，主要看两方面：可靠性和客观性。

可靠性就是故事的来源。如果是真实的故事，那么讲述者是通过什么渠道得知的很重要。主要有以下三种渠道：

第一，我的故事。这是最可靠的来源，因为是你亲身经历的，所以故事的真实性毋庸置疑。

第二，身边人的故事。相比于第一种可靠性稍微弱一些，不过仍然具有很强的吸引力，因为你讲述的可能是最好的朋友的故事，可能是父母亲戚的故事，或者是同学邻居的故事，可靠性取决于你们之间的关系，关系越亲密可靠性越高。

第三，陌生人的故事。这种视角的可信度最小，因为你和故事的亲历者是陌生人，理论上讲你的信息也是来自他人。不过，你可以通过讲故事的技巧来提高可靠性，让听众觉得身临其境，从而弥补信息渠道的不确定性。

如果你讲述的是一个虚构的故事，那么可靠性几乎就是不存在的，但这并不意味着没有客观性。客观性指的是故事发生发展的逻辑是否符合现实世界的一般法则，如果符合，即便是虚构的故事也会对人们有教育和启示作用。比如伊索寓言、安徒生童话，它们都是虚构的故事，但不会有人认为它们的存在毫无价值，相反会认为比某些真实发生的故事更有教化意义。

那么，如果你讲述的是真实的故事，这个客观性是否就一定存在呢？未必。这要看你讲述的具体内容是什么。如果你讲的是自己的故事，那自然非常可靠，也更可信。但是如果你讲述的人物是自己的对手，那么这个客观性很可能要大打折扣，因为大多数人很难对自己的对手有公正客观的描述。如果想要赋予这个故事可信性，你就要站在客观的角度来讲述，不能带有个人的主观评价，这样才能让听众认为你是摆脱了情绪去描述对方的，才愿意接受你传递的信息。

对于演讲者来说，选择一个切合主题的故事的确有难度。完全来自现实的故事可能需要加工，完全虚构的故事又担心听众不买账。关键不在于故事本身，而在于你要用何种视角和方法去讲述它。如果是虚构的故事，你要让听众感同身受，比如生存压力、工作焦虑、爱情困境等，这种共性会弱化虚构故事带来的非真实性，会让听众觉得这样的角色其实就存在自己身边，甚至会在角色身上看到自己的影子。比如鲁迅先生的《阿Q正传》，角色是虚构的，但是阿Q身上的那种精神胜利法几乎存在于每一个人身上，因此就显得格外真实。

反过来说，如果你选择了一个真实发生的故事，但因为未能把握好准确的视角和恰当的表达方式，也会让真事听起来像是虚构的。为什么会这样？因为你只是还原了故事的外壳，却对故事最根本的东西轻描淡写。比如，某些影视剧中有士兵用步枪把敌人飞机击落的故事情节，不少观众看了之后大呼虚假，但其实这是在红军和八路军战士身上都发生过的真事。但为什么很多人觉得不可信呢？主要是因为这一类影视剧为了突出英雄形象，采用的是刻意贬低敌人的方式来反衬，结果就是只抓住了外壳，忽视了英雄都是在和旗鼓相当的对手在长期对抗中历练出来的事实，没有刻画好英雄的心路历程和背后付出，只是一味地"矮化"对手，就导致很多观众认为反面形象不可信，进而怀疑故事也是虚构的。

归根结底，追求故事的可信性，是为了让听众接受你要表达的思想。当你的故事无法让听众信服时，你要表达的思想又如何能让听众接受呢？他们不会对一个虚假的人物或者事件产生认同或者共情，反而会由此产生距离感。这种距离感会让你的观点、理论、态度都变得一文不值，主题自然就难以立住。

一个演讲者对事件和人物的还原能力，决定着故事本身的可信度，也决定了听众对演讲者的认可度：这个人是否有格局，是否有高度，是否能够透过现象看本质。正如一些老师在授课的时候会让学生复述刚才讲过的内容，这种测试并非考查学生的记忆力，而是学生的理解力和思考力。演讲者扮演的恰恰就是学生的角色，而听众更像是掌握着评分标准的评委。

少加入观点

在移动互联网时代，人人都是自媒体，人人都有发表观点的权利，观点也层出不穷：有人认同婚前财产公证，有人反对女孩富养……这是社会进步和个性解放的表现，但并不意味着你在任何场合都可以大肆发表自己的看法。

演讲是什么？是演讲者向听众传递观点。由此很多人也理所当然地认为，故事也应该加入自己的观点，这样才能更好地突出演讲主题。然而这个想法并不正确。

借用故事去表达演讲的主题，是因为故事本身就是和主题契合的，而不是你植入自己的观点，让这个故事看起来和演讲主题一致。有的人并不理解这个道里，觉得听众既然能接受你在演讲中传递观点，为什么不能接受你在故事中传递观点呢？

如果有媒体采访一位导演，询问他在影片中想要表达的观点，导演说出了自己的想法，你会觉得有什么不妥吗？当然不会。可如果你观看这部电影的时候，导演突然在某个场景中加入一段旁白："我拍摄这部片子是为了表达……"你是不是会有骂人的冲动呢？

演讲的道理也是如此。演讲已经给了你阐述观点的机会，你就不需要也不应该在故事中再加入自己的观点，而是应该让听众通过故事情节自己去感悟，这样才能让故事的辅助作用有价值，否则你还讲故事做什么，直接再强调一遍观点不就可以了吗？

不强加给听众观点，是对故事本身的尊重。对听众来说，你的演讲和故事相比总是显得有些枯燥，现在轮到你讲故事了，他们迫切地想要换一下口味，从一个全新的角度去验证你阐述的观点是否正确，所以无须在故事中植入观点。而一旦加入个人观点，自然是"画蛇添足"，起到事倍功半的效果。由此，会造成以下后果：

第一，错误引导听众的思维。

也许你对自己的演讲内容烂熟于心，但是对于一个故事中涉及的社会问题或者人性话题，你未必会有正确或深刻的认识。当你说出不成熟的观点时，独立思考能力强的听众会站在你的对立面，而缺乏思考能力的人会被你误导，你的演讲价值也就会大打折扣。

比如，你做了一次关于反对歧视艾滋病人的主题演讲，期间穿插了这样一个故事：某艾滋病人遭人歧视，没人愿意和他交往，甚至还排斥他，但是他通过自己的善意言行最终获得了别人的认可。这样的情节设置，听众是可以领会其中的含义的。但

第二章
为有说服力的演讲做准备

是,你觉得这样"不够味",在讲故事的时候加入了自己的观点:"他被大家嘲笑之后,并没有因此怨恨他们,因为他知道这是因为对方不了解艾滋病的传播途径……所以那些歧视艾滋病人的行为,往往都是由于缺乏常识造成的。"

这个观点植入既没有必要,从逻辑上讲也不够严密,和演讲主题没有直接关联。因为很多人并非不知道艾滋病的传播途径,只是本能地存在恐惧,所以粗暴地给出一个结论毫无意义。而听众从故事中应当获得的信息是:艾滋病患者本身也可能是受害者,不能盲目地歧视他们,要给予他们必要的尊重和关心。在故事中植入观点,会削弱听众对主题的理解,更何况一个缺乏科学性的结论还会误导听众。

第二,错误融入个人主观情绪。

每个人都有不同的偏好,这是正常现象。但是当你站在演讲台上的时候,就要尽量抛开这些个人好恶,站在相对客观的视角去阐述。否则,你的演讲就变成了自我情绪的宣泄会,无法就事论事,甚至可能会跑题。因此,在讲故事的时候,一定不要把自己对某个角色的主观情感强加进去。

举个例子,你讲述一个求职者在应聘时遭到了人事经理的刁难,为了证明自己确有实力,求职者当场完成了一个无比困难的任务,人事经理被震惊了。这时你这样讲:"蛮不讲理的人事总算领教了对方的厉害,他尴尬地站在原地说不出话来。"

表面上看,这段描述没有太大问题。可仔细琢磨,你将人事经理贴上了"蛮不讲理"的标签,事实果真如此吗?要知道,很

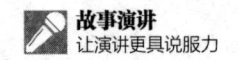

多大公司的黄金岗位，每天都可能有人来应聘，人事经理不可能拿出大量的时间深入了解他们，只能采用一种更快捷的方式迅速淘汰，所以偶尔刁难一下求职者并非特别过分。而你完全站在了求职者的角度去评判对方，这就是植入了个人的情绪，会让一部分听众批判性地理解人事经理的言行，偏离了故事主题。

第三，错误站在听众的对立面。

由于你的观点植入，仅仅是误导或者干扰了听众的思维和情感，或许还不是最糟糕的。最糟糕的情况是你表达的观点和听众截然相反，甚至是大部分听众最忌讳听到的，这样的演讲不仅是失败的，还可能引起众怒，会给你带来意想不到的麻烦。

作为演讲者要弄清一件事：你对听众来说并没有掌控绝对的话语权，他们未必会接受你表达的观点，也许只是想获得某种启发，而你却在故事中加入了让听众反感的观点，这样的演讲很可能会变成辩论大会。所以，演讲者要学会尊重听众的想法，本着讨论的态度发表自己的观点，要允许听到不同的声音。正所谓"真理越辩越明"，当你成功地说服了某个反对你的听众时，演讲才会获得真正的成功。就像伏尔泰所说的："我不赞同你的观点，但我誓死捍卫你说话的权利。"

比如，你做的演讲和"婚外恋"有关，这本身就是一个敏感的话题，你无法确定你的听众持何种态度。他们的婚姻也许被第三者破坏过，也许他们破坏过别人的婚姻，所以你在故事中贸然提出"婚外恋是罪恶的"或者"婚外恋可以原谅"之类的观点时，台下很可能会一片哗然，因为你极有可能引起某一部分听众的不满，让他们对你产生误解甚至是敌意，那你接下来的演讲还有意义吗？所以正确的做法是，先讲好你的故事，不要给故事中的角色一个明确的道德评判，而是让听众自己去衡量和判断，然后再和大家探讨，这才是演讲者该走的路线。

从某个角度看，"演讲者"是一种特殊的身份，他们是在特定的时间、特定的场合面对特定的人群发表自己的观点，所以他们阐述的观点很可能会引起热议，或者得到认可，或者受到批判，这都是无法预测的。但是演讲者不能为了统一思想去篡改一个故事，或者在故事中加入个人观点和情绪强行证明自己的正确性，这只能显示出演讲者并没有做好充分准备，是很难把听众转化为粉丝的。

好故事都是好段子

每个演讲者都曾经有搜肠刮肚寻找好故事的经历，那么什么是好故事呢？

一个好的故事就像是一个好段子。

也许有人对这个观点难以苟同，因为他们认为故事应该就是故事才对，怎么能像是段子呢？要知道，我们讨论的故事，是在演讲中穿插的故事，它是带有明确目的性的，而不是在故事大会上，你为了展示自己的口才和创造故事的能力而讲的故事。因此，演讲中的故事最像是我们在和别人沟通时插入的小段子。

"段子"原本是相声中的一个艺术术语,它的主要特点有三个:第一是贴近生活,第二是短小精悍,第三是耐人寻味。如果演讲者能把故事说出段子的风格,那么对听众的俘获力就会加强,因为没有人会拒绝一个好段子。相对地,一个好故事可能会因为它是一个悲惨的故事,能催人泪下而"好";又或者一个谋略故事,可能会因为逻辑缜密而"好"。但是,这类"好故事"往往并不适用于一般的演讲现场,毕竟有些听众不想掉眼泪出洋相,也有些听众懒得动脑子。这样来看,好故事也不是百分百会受欢迎的,而好段子的受众群体却更广泛。

换句话说,给你三分钟的时间,你认为讲一个好故事还是讲一个好段子更能拉近和听众的距离呢?显然是后者。为什么呢?有些故事需要在一个相对安静的环境中才能讲好,而一个好段子几乎适用于任何场合:大礼堂、小饭店、街头巷尾……简而言之,段子的"生存"能力比故事强,更具有活跃现场气氛的功能。

据说,锤子科技的老总罗永浩在每次演讲之前,都会提前一个星期去演讲场地做彩排,认真研究每一个站位、每一部灯光设备的安排,甚至对于演讲的笑点和提问都要多次演练,这些都是为了让演讲达到最好的效果。无独有偶,乔布斯的苹果发布会也是在开始前的半年就租下场地,提前一个月排练,整个过程堪比军事机密。

为什么这些大佬如此看重场地和排练呢?因为他们不想在演讲中出错,演讲中每个环节的成败都直接关乎听众的感受。但是有一个问题:大多数人都不是乔布斯和罗永浩,他们没有那么多时间和财力去排练演讲，对现场可能是陌生的，对流程缺乏预见性，这种种不利会影响演讲者的发挥。那么怎样才能提升预期效果呢？最稳妥的办法就是多讲段子式的故事，因为它的现场适应力最强，即便听众窃窃私语，即便灯光效果不如预期，即便你的站位不够合理，一个精巧的段子都可以弥补这些缺陷。

既然段子式的故事作用这么大，我们应该怎么编段子呢？这还是要从段子的两个基本特征入手。

第一，信息要素少。

有些故事之所以"现场生存能力"较差，是因为信息量过大。这和故事的长短无关，而是包含的信息要素太多，比如复杂的时代背景、复杂的人物关系，以及过于烧脑的故事情节，导致听众很难在短时间内充分理解。演讲现场和电影院不同，它不是一个漆黑的、封闭的环境，它可能会出现各种视觉元素分散听众的注意力，所以只有信息量小的故事才能吸引听众。网络上流传的小段子、小视频，都是几十个字、几十秒钟，信息要素都很简单，比如"和朋友抢着买单的笑话""第一次见丈母娘的糗事"，而非"中国人的饭桌文化""经营婚姻的秘诀"这些明显信息量更大的话题。因为易于理解，所以在人们的注意力降低前就结束了，自然就会让人印象深刻。当然，有时演讲者需要讲一个信息量较大的故事，这又该如何处理呢？

最直接的办法是，把核心的信息要素提炼出来，挑出和演讲主题关联度最大的情节和人物，其他次要部分一律省略，这样也能减轻你的讲述压力，也不会让听众处理庞杂的信息，相当于考

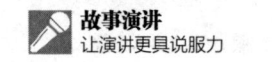

试之前老师"划重点"。当然，有些情况下不允许精简，那么可以把全部的信息要素拆分成几个组合，比如你要讲述职场应对上司的故事，涉及从面试到试用再到人际关系处理等大量信息，就不妨拆成"面试篇""试用期篇""关系处理篇"等部分，虽然从逻辑上看它们依然是一个整体，但是从听众的角度看，这是几个不同的小段子，从心理上不会产生厌倦感。而当几个小故事讲完之后，听众就能看清故事发展的全貌。

第二，耐人寻味。

同样是段子，有的听过之后就忘了，有的听过之后却记忆犹新，区别就在于它们的"提炼程度"。有的段子用两三句话描述一个群体的特征，字字准确，大家听了觉得很有意思，就会记下来给别人讲，一来二去就长期储存在人们的大脑里了。比如形容某个工厂对工人的压榨程度："女人干男人的活，男人干畜生的活。"这种精妙的总结让人眼前一亮又深有感触，所以才能耐人寻味。反之，如果一个段子只是为了搞笑，无法站在某个高度上进行总结，就不会有多少人愿意传播，琢磨它的人自然就少了。那么，如何让故事耐人寻味呢？

最简单也是最有效的办法是，寻找当前的热门话题，比如焦虑、抑郁、诚信缺失等，这些都是现代人普遍要面对的心灵困境和人际交往问题，没有谁能拿出最有效的解决方案。如果把这些话题加入你的故事中，听众就会本能地想从中获得某种启发，自然会琢磨故事中的人物和情节了。除此之外，你还可以给故事设置一个开放性的结局，让听众凭借自己的理解去想象，即便演讲结束了，他们的脑子里依然想着你的故事，那么你的演讲主题也便能在他们内心根深蒂固了。

段子虽然有千般好，但是必须以演讲主题作为前提，不能拿来乱用。尤其是那种低俗的、涉黄的段子，不仅会损害演讲的内容，也会引起听众的反感，得不偿失。

当今社会是一个知识和信息高度分散的社会，人们的注意力也会被分割得七零八落。一场演讲往往长达一个小时甚至几个小时，很容易让听众疲惫。而且大家都有手机，一个信息、一个电话过来，又会分散他们的注意力。而一个精彩的段子式的故事能消解这些不利因素，让听众尽可能地集中注意力接收你传递过来的信息，这才是演讲的生存哲学。

用你擅长的方式表达

取长补短和扬长避短都是关于长处和短处的方法论，但是从实用主义的角度看，扬长避短显然更容易。因为缺点很难克服，与其费尽心力去克服缺点，不如全力以赴地发挥优点，以实现个人价值的最大化。

对于演讲者来说，每个人都有自己擅长的表达方式。有的人幽默风趣，有的人喜欢引经据典，也有的人深沉简练，这些表达方式各有特色，并没有好坏之分。风趣幽默的适合讲段子，引经据典的适合讲历史，深沉简练的适合讲哲学。所以，不同的人都可以根据各自最擅长的表达方式去和别人交流。

同样一个故事，借用不同的表达方式效果也会不同，可以变成正史故事，也可以变成诙谐故事，甚至还可以变成惊悚故事，由此带给听众的感受和思考也是不同的。但无论是哪一种类型，都会让听众有所收获。

讲故事最忌讳把故事讲得不伦不类。之所以会出现这种情况，是因为用了自己不擅长的表达方式。有的演讲者缺乏主见，对自己不够了解，往往是听了某个大师的演讲之后，认为自己应当效仿这种表达方式，结果画虎不成反类犬，把一个好故事讲得乱七八糟。

事实上，每个人经过长期的说话训练，最终会形成属于自己的一套语言模式。当然，也有一些人拥有几套不同的语言模式，但也会有一套常用的"主模式"。即便有一些人模仿能力很强，但是在本能的作用下，也很容易回到自己最熟悉的语言模式中。对演讲者来说，即便你同时拥有几套语言模式，但是为了应对现场可能出现的意外，还是使用最熟悉的语言模式最为稳妥。更重要的是，有些人对自己的模仿能力判断不足，明明是邯郸学步，却以为模仿得惟妙惟肖，结果只会贻笑大方。

在讲故事的时候，需要你调动足够的感情和语言表达能力。只有最熟悉的语言模式才容易驾驭，而这种驾驭会产生真实感，让听众听起来顺耳，认为你确实是在用心讲故事，增强了故事的可信度和演讲的说服力。反之，如果你使用不熟悉的语言模式，会导致故事的叙述出现问题，真实性和艺术性都会被弱化，感染力也就打了折扣，听众的情绪和思维很难被你调动和引导，最终会影响演讲的预期效果。

当然，有的人喜欢模仿别人的表达风格，并非是对自己的模仿十分自信，而是认为这个故事用自己的表达方式效果不够理想，这其实是一种误区。第一，故事是可以选择的，如果你是那种简练到位、一针见血的表达风格，不妨讲一个短小精悍的哲学故事；如果你是风趣幽默的表达风格，自然就选择诙谐的小故事，不要被某一个故事束缚住。第二，故事是可以加工的。如果受制于演讲主题，你必须讲这个故事，也可以从你擅长的表达风格出发。比如，你是一个善于讲课的学究式的人物，必须讲一个倒霉鬼的可笑故事，不妨就用授课的语言模式描述他的生活状态："这个人的习性如同土拨鼠，对未知事物充满好奇，他上蹿下跳的动作给自己引来了无妄之灾……"哪怕你的强调是慢条斯理的，听众听起来也会由于"反差"而觉得有趣。因为你采用了最擅长的表达方式，等于重新切换了角度去讲述，并不会让听众觉得不妥。

演讲者和听众之间需要建立一种"精神契约"关系，也就是你要对听众真诚。真诚体现在何处？你传递的信息是真实的，你的表达方式是真实的，将最终的评判权力交给听众。有的演讲者知识和经验积累不足，于是杜撰了原本没有发生在自己身上的故事，显得自己阅历丰富，会让听众对你做出错误的判断。同理，有的人明明缺乏幽默感，却非要像喜剧大师那样表达，这是表达方式的不真实，会让听众的耳朵受折磨。于是，因为你缺乏诚

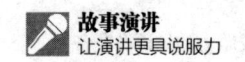

意,让故事失去了原有的味道,你的演讲主题也就毁了。

用你擅长的方式讲故事,就是在你和听众之间画直线,距离最短;用你不擅长的方式讲故事,就是在你和听众之间画曲线,造成了你表达的信息和听众接收的信息不对称,让听众无法理解你的本意。

换个角度看,听众的喜好也各不相同,有人喜欢诙谐幽默的风格,也有人喜欢一本正经的讲述方式,所以每一个演讲者都能找到自己的听众。如果生硬地模仿他人,那很可能一个听众也收获不到。另外,你要讲的故事很可能被别人重复了无数遍,如果你按照原始版本、原始风格去叙述,那你顶多是扮演了"人肉复读机"的角色,听众会感到厌烦,还能对你的演讲感兴趣吗?

如今是一个讲究个性化的时代,歌手可以用不同的唱腔和台风体现自己的与众不同,演员可以用不同的演技和扮相展示自己的别具特色。同样,演讲者的独特风格也是一种"品牌标识",它既是演讲者对自己的尊重,也符合听众渴望百花齐放的审美需求。从另一个角度看,盲目模仿他人的表达方式是缺乏自信的表现,一个演讲者要相信自己的语言模式,要利用它的不同之处,演绎一个只属于你的故事,这样才能俘获听众的心。

4. 取材

选择有价值的故事

营销学中有低价值客户和高价值客户之分,指的是不同客户对商家来说价值大小不同,所以采取的营销策略也应当不同。同理,讲故事需要技巧,选故事也需要技巧。一个有价值的故事,即便你的表达能力差一些,也会感动听众。但是,一个糟糕透顶的故事,想要靠你的口才变得精彩那就难上加难了。那么,如何收集和选择故事呢?

从途径来看主要有三种:第一,通过各种媒体获得,比如书

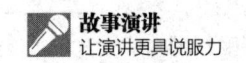

籍、电视、网络、广播等；第二，听别人讲故事；第三，自己创作故事。对比这三种途径可以发现，第一种途径信息丰富，但是要避免选择烂大街的故事。第二种途径信息不够丰富，但是听过的人少，需要你自己加工。第三种途径对演讲者本身的创作能力有一定要求，但是能够保持故事的原创性，可以随意地和演讲主题贴合。

三种途径根据演讲本身、演讲者自身素质来决定，并没有哪一种途径是最优选择。但是，对演讲者来说，选择故事的原则是最重要的。需要遵循以下原则：

第一，相关性原则。故事要和演讲主题产生关联，如果不能印证主题，这个故事再精彩也是无用的，反而会误导听众。第二，针对性原则。你选择的故事要适合你的听众，比如低龄群体、高知群体等，他们都有各自的认知体系和心理特点，选择不适合他们的故事会割裂你们的联系。第三，积极原则。故事一定要积极向上，传递出正能量，而不是消极悲观或"细思极恐"的类型。第四，创新原则。你的演讲需要创新，故事也需要创新，哪怕讲述的故事妇孺皆知，也要选择一个新颖的视角，这样才能让听众觉得你认真做了准备。

明确了选择故事的原则，只能说你找到了一个合格的故事，但不一定是有价值的故事。那么什么才是有价值的故事呢？能够振奋人心、引发思考的，能够改变人的某些错误观念的……符合这些条件的才是有价值的故事，常见的有三种类型：

第一，个人传奇故事。

1954年1月29日，美国密西西比州，一个未婚少女生下一名黑人女婴。因为父母感情不和，少女将这个小女孩送到了外祖母那里。还不到3岁时，小女孩就开始了"公开演讲"——背诵记下来的《圣经》中的句子，和大家分享有关欧洲战争的故事。然而她后来的人生十分凄惨，遭受过贫穷、种族歧视和性虐待，当她看了一本名叫《我知道笼中的鸟儿为何歌唱》的书之后，决定要改变自己的人生。她为此深情地说道："她写的每一页都是我生活的真实写照，看到书中的玛雅完全就好像看到了我自己。作为一个黑人女孩，我的经历第一次得到了认同。"受到这本书的影响，女孩开始苦练演讲的技能，让自己的生命更有意义。1970年，女孩在一场公开演讲比赛中脱颖而出，获得了田纳西州立大学的奖学金，毕业后从事新闻工作。年复一年，日复一日，女孩在听众面前越来越自然，她讲故事的技巧使她成为全世界最有影响力的人物之一，也被无数女性当成榜样。她叫奥普拉·温弗瑞。

奥普拉的故事励志色彩十分浓厚，对大多数普通人来说，都有借鉴意义。因为她是一个来自社会底层的人，没有任何家庭背景，这样的故事能够让听众为之动容。

第二，把有态度的观点融入故事。

有些演讲者害怕自己的观点过于犀利，就在讲故事时对自己的观点进行加工，让观点变得温和一些。之所以有这种心理，是因为人类与生俱来的一种恐惧：害怕遭到群体的批判，公开表达

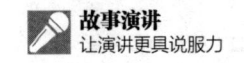

自己的观点存在着被批判的风险。而小心谨慎地表达，会将属于你自己的研究和总结得出的观点埋没，取而代之一种中庸的观点，从而使故事失去它原有的价值。

前面我们谈过，一个好故事不应当加入个人观点，那为什么又要强调表达自己的观点呢？其实，好故事不加入观点，指的是不要在故事中插入额外的信息，但是如果你将自己有态度的观点融入到故事角色和故事情节当中，让你的故事也变得有"态度"，就不是插入，也不会给听众带来任何的困扰，反而会凸显自己的风格。通常为了达到这个目的，需要你大胆地赋予故事素材以观点，比如切入新视角来剖析一个人物等，也就是对故事进行二次加工。通过你的思维加工，是可以演绎出一个新故事的。事实上，只有你融入了自己的东西，听众才有机会听到不同的声音，至于他们是否接受又是另一回事。因此，故事的价值在于它的独特性，在于它是否烙印了你思想的痕迹。

第三，打破听众预期的故事。

我们常说某某新闻是热点新闻，是劲爆新闻，那么它的价值在哪里呢？在于你没有听过，打破了你的预期，让你意想不到，所以你才会特别关注它。有价值的故事也是如此，无论是原创故事还是真人真事，刚讲了个开头，听众就猜到了结局，讲这样的故事不是白白浪费时间吗？

当然，打破听众的预期，并不是为了主观地制造吸引人眼球的噱头，而是跳出固化思维，让故事获得新生，这与心理学上的"违背期望理论"相吻合。所谓违背期望，指的是我们对别人的行为存在着某种预期,而一旦偏离了这个预期就会产生某种心理变化,这个变化可以是积极的,也可以是消极的。对演讲中的故事来说,当然应当是积极的。

如果你做了一次商业演讲,想推销太阳能热水器,那么什么样的故事才是有价值的呢？一个推销员说服用户使用热水器的故事吗？显然不行,这种烂俗的套路听众很容易猜到结局,所以你不妨利用反向思维,讲用户如何拒绝了推销员,然后因为停电洗不了热水澡而后悔的故事,这种切换了角度的故事会让听众觉得新鲜有趣,同样也能达到目的。

有价值的故事,并不局限于我们列举的这三种,但是不管怎样变化,它都应当是具有现实意义和满足听众心理需求的正能量故事。它的价值虽然要和演讲主题挂钩,但不能忽略作为故事而必备的元素。因为如果故事本身不成立,听众就不会喜欢,你要表达的主题也就不会被他们接受。故事的价值不在于服务演讲者,而在于启发听众。

让每个人都听得懂

俗话说,见什么人说什么话,这是一种非常实用的社交技巧。套用营销学的理论就是,受众群体不同,需求点就不同,只有对他们分门别类,才能突出产品或者服务的价值。所以,演讲中的故事也需要通俗易懂,不能曲高和寡,否则听众很难明白你要传递的核心思想。换句话说，故事情节不要包装成哥德巴赫猜想，故事的主题也不要包装成狭义相对论。要让所有人不分学历和阅历都能听懂，这样才能达到服务演讲主题的目的，也能拉近你和听众之间的距离。

要想让听众听得懂，需要在故事选材和故事讲述的过程中，从听众的认知角度出发，重新看待你的故事，把晦涩难懂的内容转化得易于理解，通过这种换位思考的方式让故事变得简单。当然，这个简单可以是故事结构上的，也可以是叙事方法上的，但不能是思想层次上的。你不能为了让听众听懂降低故事的思想层次，而是应当在保留原始信息的基础上简化你的表达方式。怎么做呢？

第一，用听众听得到的语言。

有些演讲者文化层次较高，为了显示自己的水平，总是喜欢使用各种专业术语，或者是书面语言，让听众云里雾里，不知道演讲者在表达什么。而演讲者还沉浸在卖弄学识的沾沾自喜当中，殊不知听众已经想起身离开了。其实，演讲虽然是一种较为正式的交流方式，但并不意味着必须使用专业术语，因为你演讲的目的在于和听众互动的过程以及传递信息的结果。要想过程融洽，就要平心静气地聊天，让听众有畅所欲言的欲望，要想让结果符合预期，就要用直白通俗的语言和听众沟通，否则不在一个交流维度上，各说各话，演讲的意义也就荡然无存了。当然，这并不意味着专业术语必须弃之不用，它可以在适当的时候出现，比如具体解释某个专业内容的时候。但是你在说出专业术语之后还要用听众能理解的语言再解释一遍，除非你的听众也是专业人士。

有的演讲者也不是故意要使用专业术语或者书面用语，只是因为他们先完成的是文稿，尚未转化为口语。其实在完稿之后，演讲者需要模拟现场，大声地把故事讲出来，看看是否口语化，是否听起来像是在和听众聊天。2019年，一个名叫艾娜的土库曼斯坦留学生在国内互联网上迅速走红，原因是她在北方工业大学的学生毕业典礼上，用流利的汉语作了一番接地气的演讲："……来中国之前的我，头疼的时候吃药，肚子疼的时候也是吃药，但是现在来七年的我呢，头疼喝热水，发烧喝热水，压力很大喝热水！"事实上，来华留学生能流利说汉语的人并不少，但唯独艾娜受到了关注，因为她的语言符合汉语的口语化，用词接地气，让人倍感亲切，所以她的演讲就更加富有感染力。口语化的表达容易让人产生共鸣，而有共鸣作为基础，演讲者和听众就容易建立情感纽带，信息传递的流畅度就会大大提升。

第二，不要卖弄自己的学识。

有些演讲者涉猎广泛，看了很多书，在演讲时喜欢旁征博引，要么张口闭口都是孔子孟子，要么开头结尾都是康德黑格尔，听起来是有些文化感，但是很容易让听众反感：或许是听不懂你引经据典的内容，或许是能听懂但不喜欢你的卖弄，自然会对你传递的信息产生抵触心理。不要忘了，你知道的别人未必知道，用一个大家并不熟悉的概念去解释另一个陌生的概念，只会给听众带来更大的困惑。更重要的是，有些所谓的经典并非达成

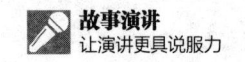

共识的定论，你直接引用它，听众却并不认同，这就等于强加给对方一种观点，听众怎么会愿意接受呢？因此，即便要引用案例，也要选择耳熟能详的、基本达成共识的事件或者人物，尤其是在讲故事的过程中，引用不当只会破坏故事的连贯性。

第三，多用比喻。

不管是阐述观点还是讲故事，总会遇到一些听众比较陌生的概念，这时最好的表达方式就是比喻。比如你在故事中讲到了"蓝海"，而大多数听众并不了解这个概念，你不妨这样解释："蓝海是什么？我家门口都是摆摊卖包子的，他们绞尽脑汁开发出特别的包子馅吸引顾客，而我不做包子只卖饺子，因为发现大家早就吃腻了包子。果然他们都来抢购我的饺子，这就是未知的市场空间。"用这种直观的比喻，很容易激发听众的想象，又能展示出你的智慧和表达魅力。当然，这需要你对自己解释的概念有透彻的理解，否则不恰当的比喻只会误导听众。

第四，避免使用模糊的概念。

有些演讲者在讲故事的时候，由于不能确定信息的准确度，往往会使用一些似是而非的措辞方式。他们认为这样显得比较严谨，以免说错了会被听众质疑。其实，这种想法是错误的。作为讲述者，你应当选择信息准确的故事，如果只用模棱两可的信息去阐述你的演讲主题，就是对听众不负责，一定要杜绝这种现象。

当你在讲故事的时候使用了"可能是A也可能是B"，例如"这件事好像发生在去年……哦不对，是前年吧？"之类的措辞，就会转移听众的注意力，让他们觉得这个事件或者人物是不可信的，导致故事的真实性下降，听众对故事的理解也会出现严重的偏差。

第五，减少不必要的开场白。

有些演讲者出于讲话习惯或者心理紧张的原因，在故事开头会插入一些"客套话"，他们认为这样可以铺垫气氛。比如，"这个故事我可能记不清了，讲错了大家不要见怪"，或者"我的表达能力不是很好，故事恐怕讲得没有那么生动"。要知道，听众不是来听你做检讨的，如果你的表达能力真的很差，那凭什么让人家浪费时间听你演讲呢？如果你连故事的关键信息都没有弄清，你干吗非得选择这个故事呢？这些不必要的开场白，不仅会影响听众的情绪，更会影响他们对这个故事的认可度和理解，也会直接削弱他们的关注度。注意力分散了，他们就会忽略故事中的某些关键情节和人物，你的讲述也就失败了。

第六，快速进入场景和主题。

有些演讲者用词并不啰唆，但是代入感很差，无法帮助听众快速地进入故事，导致他们久久徘徊在故事大门之外，结果就是：你在这边讲得神采飞扬，听众在那边一头雾水。事实上，演讲者仅仅做到用词简练是不足以让听众快速进入剧情的，还需要为听众理解故事营造氛围。比如，你在讲到故事主角来到一个神秘的房间时，可以这样说："这个房间比我们现场还要大，还要暗。"这样的描述，能够帮助听众想象到场景的细节，故事的气氛出来了，自然就容易理解。

讲故事最重要的是对场景的重现，重现场景的一个技巧就是

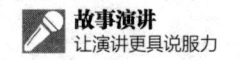

表达要具体化，注重细节的描述，这样才能把听众带入相对一致的画面中，限制听众随意思考，让他们跟着你的节奏和思维，以实现有效的心理互动。如果这个互动失败了，你的故事就不能为演讲主题服务了。

第七，不要使用抽象语言。

抽象的语言不是专业的语言，也不是模糊的语言，而是十分空泛的语言。比如"他拿着一杆枪""桌上摆着一盆花""他笑了笑"之类的描述，这些描述的问题出在哪儿呢？没有说出事物的特征，所以听众根本不会留意，正确的表达是"他拿着一杆又长又重的狙击步枪""桌上摆着一盆绽放的月季""他勉强苦笑了一声"，只有精确的描述，才能让人物、物品形象化，听众才能有身临其境之感。而一个抽象的事物只会把听众和故事残忍地分隔开，你要传达的情感和思想会被拦截。

第八，使用自己的语言。

有的演讲者认为与时俱进才是最好的交流方式，所以在讲故事的时候大量使用网络用语，结果让听众觉得很别扭。为什么呢？因为网络用语受制于特定的环境，并不是在任何情境下都适用的。而且使用网络用语次数太多，会降低听众的接受程度，因为人们的"思考语言"依然是生活化的常用语。比如你想反驳对方的某个观点，却用"不会吧不会吧"这样的网络用语开头，既让人听得很不舒服，又缺乏正常沟通的语言逻辑，只能产生负面作用。归根结底，演讲者要使用自己的语言，盲目地赶时髦，会让你的讲述变得异常生硬，缺乏生活基础，导致整个故事变得不伦不类，别人还能听懂吗？

　　讲故事传递的不仅仅是信息，也包含了演讲者的一种情感。而"听懂"是接收信息层面的，"感动"是触动情绪层面的，无论是哪个层面的，都需要你把故事讲得清楚透彻，这是你和听众建立沟通桥梁的首要步骤。

多借鉴生活素材

　　前几年"接地气"是一个流行词汇，指的是人们在说话、做事时要回归现实，不能脱离实际。同样，演讲中的故事素材也应当来源于生活，不过在传递给听众之前要进行艺术化的加工。

　　无论是什么类型的演讲，它最终都要服务于生活，指向大众。演讲者想要表达某个主题，都是来自生活中的某个启发，这个启发促使他要分享、传播给更多的人，所以才有了为演讲而存在的故事。

　　古往今来，很多艺术家、文人墨客的灵感都来源于生活。贝多芬在双耳失聪之后创作了《命运交响曲》，李白在遭到放逐之后创作出了《将进酒》……经典作品的背后，往往藏着一段不平凡的人生。所以，一个人的命运越是坎坷曲折，经历越特别，就越能感悟到人生的真谛。而这些经历演化成的故事，本身就具有强大的感染力和说服力，因为这是一般人很难获得的生活体验，它所带来的震撼自然是独一无二的。

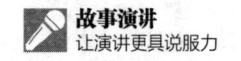

那么，如何从生活中选取一个合适的故事素材呢？

第一，习以为常的开头+曲折动人的过程+意想不到的结局。

人们的确喜欢听离奇曲折的故事，但是那仅限于故事本身而不是演讲。演讲的目的是要传递给听众独特的信息，而为了佐证这个信息你才要讲一个故事。故事太离奇了就会距离生活太遥远，也会和你的演讲主题搭不上边。所以，你要选择生活中常见的故事，比如一个相亲的故事、一个求职的故事……这些是每个人都可能直接或者间接经历过的，具有浓厚的生活气息，也有他们关注的故事点。但是，为了让故事富有艺术价值，你要把故事发展的过程变得曲折一些，甚至是进行合理的夸大，以吸引听众听下去，如果过程太平淡，结局就缺乏悬念了。同样，因为过程的不同寻常，结局也会变得令人捉摸不定，充满戏剧色彩，而这往往是揭示故事主题的关键时刻。掌握好这个三个节点，听众就会觉得故事既熟悉又陌生，既真实又传奇，就容易抓住他们的好奇心并引发共鸣。

如果你借鉴的是一个真实的事件，可塑性很小，那么如何完成三个节点的设置呢？在故事的开端，你可以用平实的语言和大众化的视角切入，比如从一个不起眼的小配角开始，或者从一个常见的生活场景出发，这样不会让听众觉得陌生，哪怕它发生在国外。在情节发展之后，如果事件本身不够曲折，你可以通技巧把平淡的故事讲得一波三折，既保证了信息的真实性，又让听众觉得很刺激，以达到让剧情跌宕起伏的目的。至于故事的结局，这是唯一不可胡乱加工的，因为它代表着事件的定性，这就需要你在前期筛选素材时过滤掉那些结局平淡的故事,否则会影响到听众的体验。

第二,"陌生又熟悉"的对象+富有个性的选择+符合大众的价值观。

情节是故事构成的要素,角色是故事出彩的关键。一个个性突出的人物,即便经历不够传奇,也会吸引听众去关心他的命运。但是,这个人物不能距离听众太远,因为我们需要在角色和听众之间建立一座共鸣的桥梁,这个桥梁能够让听众与角色同呼吸共命运。当然,这并不意味着角色一定是普通人,他甚至可以是一个外星人,但是他应当具有和人类相似的心理诉求,这才是"桥梁"架构的基础。

一个不食人间烟火的角色,听众无法从他的身上找到自己的影子,又如何能给予关注和感情呢?我们要把人物放置在曲折的故事情节中,让他面临困境并作出选择,而这种选择往往是普通人做不到的,这样才能激发听众对他的尊重和期待。如果选择的太过普通,就意味着故事的结局太过平淡,听众的兴趣会大幅下降。最后,无论这个角色有多鲜明的个性,他的核心价值观要和听众乃至整个社会接轨,不能超出时代太多,更不能落后于时代,这决定着故事的立意和演讲的社会价值。

如果你要借鉴的是一个真实人物,这个人物可能距离听众很远,那该如何打破陌生的边界呢?很简单,再特别的人也离不开衣食住行,也会有他的喜怒哀乐,你只需要找到发生在他身上的一件普通事,就能让听众意识到"原来他也是普通人""其实他和我一样"，这就拉近了角色和听众的心理距离。

富有个性的选择，意思是你选择的人物要不同于大众，这样才够典型，不然就失去了借鉴的意义，因为你无法在人物身上挖掘出更多的信息。符合大众的价值观，这个对人物来说不是硬性要求，因为你可以通过自己的理解对角色的选择进行新的解读，让听众能够理解他的选择。当然要拿捏尺度，不能将反面角色美化成正面角色，颠倒黑白。

第三，生活化的场景+别出心裁的角度+符合实际情况。

故事的场景是否能被听众熟悉和理解，也是决定演讲效果的关键。生活化的场景，会让一个陌生的角色和离奇的情节看起来并不陌生，因为发生事件的环境听众太熟悉了，他们很容易将自己代入其中，因此更容易理解角色的处境和心理变化，也会对事件发生的真实性表示认同。别出心裁的角度，就是在熟悉的场景之下切换新的观察角度，这是对故事艺术加工的一种技巧。比如，菜市场是很多人都熟悉的场景，但是你可以把视角切换到一个正在巡逻的保安身上，通过他的视角去观察一个买菜人和菜贩子的交流，这样就增强了故事的趣味性。

符合实际情况，就是对故事发生的场景描述要符合人们的普遍认同。比如你描述考场，不能把考场的环境描述得十分优雅，因为但凡参加考试的人多数都是紧张的，不会在意窗户擦得干不干净，这就是符合实际情况。如果你颠覆了这些，就会让故事变得无法理解，超出听众的认知范围，有故弄玄虚之嫌。

多借鉴生活素材并不是偷懒，而是一种人性化的选择。因为听众都有评论人物和故事的冲动，而如果你选择了一个距离他们太远的事件、人物或者场景，就会降低他们作为听众的体验感，他们自然会对你的故事产生本能的排斥。

既要真实，也要艺术

前面我们讲到了故事的可信度问题，得出的结论是：无论故事本身是否是虚构的，都要让听众觉得它足够可信，是可能在现实世界中发生过或者随时可能发生的事情，由此会产生一种共鸣和认同，继而接受你的故事主题。那么，一个新的问题产生了：为了追求故事的可信度，是不是要弱化故事的艺术性呢？

在回答这个问题之前，你先把自己想象成听众：坐在一个可能很陌生的环境中，听一个也许并不熟悉的人做演讲，仅仅是为了听一个真实的故事吗？当然不是。

能够让你把故事听完的唯一动力是，这个故事好。

"好"是一个宽泛而模糊的概念，但有一点可以肯定，那就是这个故事一定是精彩有趣的，而真正有趣的东西，总少不了人为加工。我们对比一下影视作品和故事原型：《三国演义》更有趣还是《三国志》更有趣？《清史稿》更有趣还是《康熙王朝》更有趣？显然，故事进行艺术化加工之后，才是真正符合听众口味的。

故事的可信度决定了是否能引起听众共鸣，而故事的艺术性决定了这种共鸣程度的高低。同样是一个创业者的故事，真实感会让听众为之动容，而艺术性会让听众体验到心潮澎湃、大起大落的感觉，让听众感受到一种前所未有的情绪冲动：想参与到故事中，去帮助故事中的角色，或者是把某个大反派拉出来暴打一顿。想要达到这种效果，就离不开艺术加工。

当人们在演讲者的带动下进入到一段故事中时，他们愿意相信这个故事是真实的，因为这是源于人类本能的一种需求：渴望被感动，渴望体验他人的情感经历（自己未曾体验过的）。所以，在电影院里，不会有人在看到煽情的一幕时脑子里跳出这样一个念头：这是假的，哭什么呢？相反，人的大脑只会强化它的真实感，让你体验到和故事主角相似的环境、身体状况甚至情感挫折。所以，那些根据真实事件改编的故事更容易让听众信服，哪怕改编的尺度很大，人们也乐于接受。由此可见，真实性和艺术性原本就是不矛盾的。

现在很多公众号里流行的情感故事，其真实性都值得怀疑。但是人们在阅读的时候，很少会去质疑它的真实性，甚至对一些露出破绽的细节也会视而不见，人们主观上愿意相信它是真的，因为这个故事里最关键的构成因素给人以真实感。比如一个被渣男抛弃的女子找老实人接盘，老实人得知自己接盘侠的身份后不仅没有愤怒，反而借助孩子成功报复了渣男，并争取到了现实利益……因为这个故事的前半段在现实生活中不算罕见，后半段虽然具有传奇色彩，但结合前半段的铺垫也并非不可能，故而人们更愿意相信整个故事的真实性，这就是艺术加工的魅力所在。

第二章
为有说服力的演讲做准备

故事的艺术性是什么？它是一种商业思维，一种营销策略，而对大多数演讲者来说，需要借助这种思维方式抓住人心。如果你过于理性和教条，一味追求故事百分之百的还原度，那么很可能会让听众失望，因为他们坐在你面前不是想听你阐述事实的，而是希望在你的故事里体验一种情绪刺激。

那么，故事的艺术性要如何发挥呢？可以在故事情节和细节上下功夫。比如，你讲述一对情侣的恋爱故事，男主为了追求浪漫，带着女主在全市最高楼的顶楼求爱，听起来有些不可思议，但大多数人不会觉得虚假，甚至还会脑补出之后的种种细节。在细节上你也可以尽情地进行艺术加工，比如你讲述一位父亲在车祸现场看到了儿子的尸体，他没有放声痛哭，而是先把儿子掉落的鞋为他穿上，并系好鞋带。这一幕或许在现实中很难看到，但是放置在故事里却显得自然可信。

听众在听你讲故事的时候，他们没有亲自参与进来，那么他们如何判断故事的好坏呢？一个是他们的理性分析，另一个就是他们的感性认知。比如，你讲述一个侦探抓捕凶手的故事，当侦探进行推理的时候，听众就会调动他们的理性思维，判断这个侦探的分析是否合乎情理，如果出现了严重的漏洞，故事就"崩"了。同样，当你讲述侦探在了解凶手杀人是出于无奈之后放掉对方时，听众往往不会去推论这种可能性，而是会沉浸在凶手悲惨的经历中，最终认同侦探的决定。换句话说，一个好故事就是由真实性和艺术性构成的。缺乏真实性的故事就像断了龙骨的船舶必然要沉没，缺乏艺术性的故事就像被抽走气味的美食必然食之

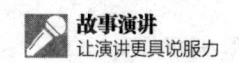

无味。

在讲故事时，真实是一个没必要抠字眼的概念，只要在整体架构上符合人性，符合时代和社会的背景，这个故事就有加工的空间。反之，如果强行让故事变得真实，听众也许并不会买账。比如，你讲到主人公被人多次欺辱，听众会如何期待呢？他们渴望主人公来一次反击，然而你却没有满足他们的需求，让主人公继续忍受屈辱。这个情节真实吗？放在现实里很真实，但是听众依然会觉得主人公不可能一而再再而三地忍受，不然这个故事讲出来还有什么意思呢？所以，为了让故事真实而去讨好听众反而会被听众抱怨。

对于故事来说，真实性的构成往往只需要几个关键元素就可以了，比如主角的需求：他渴望出人头地，他渴望抱得美人归，他渴望报复曾经把自己踩在脚下的仇家……这些是很多人都可能经历过的，所以它必须真实。反之，如果故事主角要把赚来的钱全部用于慈善事业，或者成全自己的女友和别的男人在一起，这种事情即便在现实中发生过，也会让听众觉得不真实，因为它代表不了大多数人的认知体系。除此之外，故事中的反派形象也必须立得住，可以是残暴到毫无人性，也可以比葛朗台还要吝啬，因为现实中这样的反面典型比比皆是。如果你塑造一个内心充满"真善美"的反派，那是不是太过儿戏了？

故事的真实性，主要体现在人物需求和人物矛盾上，这些要在现实生活中找到影子，听众才愿意相信。

"真实"和"艺术"是构成故事框架的"纵横"两条线，真实是"纵线",只有可信度高,听众才会期待故事的发展和结局。艺术则是"横线",只有具备感染力,听众才会慢慢咀嚼其中的滋味。只有当演讲者充分把握好"一纵一横"两条线时,才能让一个故事既有现实生活的存在感,又有艺术加工的美感,让故事的真实性耐人寻味,也让故事的艺术性吸引听众沉迷其中。

"我的亲历"最吸引人

如今是信息爆炸的时代,故事素材并不缺乏,可以选择一些寓言故事、搞笑段子、名人逸事等。但是新的问题产生了:素材这么多,到底选择哪个最好呢?还有一个问题是:万一听众听过我要讲的故事怎么办?

想来想去,解决这些问题最好的办法就是,尽量选择你亲身经历的故事作为素材。

著名经济学家林毅夫教授在北京大学做过名为《学问之道》的演讲,他在讲到"学而不思则罔,思而不学则殆"的名言时说:"只'学'不行,还要'思',孟子讲'尽信书不如无书',不是所有的理论都是正确的,里面可能包含糟粕。我小时候读科普书,觉得很有趣,有一篇故事讲到老鼠的产生,说破布放到箱子里,然后扔到床底下,几个月之后就能'生'出小老鼠了。我这样做了,很多人也都这么做了,发现果然是这样。当然,后来做实验的人们都知道了,小老鼠不是这样产生的,是小

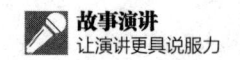

老鼠的爸爸妈妈生的。这虽然是一个笑话，也说明如果不慎思，可能就会接受错误的理论。"

  林教授讲的故事之所以能够让台下的听众发笑，是因为他讲的是自身的经历。这样有趣的儿时故事，既真实又生动，所以听众才会发出由衷的笑，笑过之后明白了做学问要慎思。很多时候，演讲者用自己的亲身经历作为故事素材，比引经据典要好很多，因为从书本、影视剧、网络上获得的素材和自己的亲身经历相比还是少了一分真实和鲜活。

  但是有一个问题无法回避，如果演讲者的经历并不丰富，没有那么多传奇的故事该怎么办呢？这时不妨讲讲身边朋友的故事，也算是另一种"亲历"。用"我朋友""我同学"这样的故事作为开场是很常见的，虽然有些烂俗但很实用，因为它的选材范围很广，人物也比较丰富。不过需要注意的是，虽然故事的主角不是你，但在讲述时你要营造一种自己"亲临现场"的氛围，这样一来，听众也会如"身临其境"一般。为了渲染气氛，你要细腻地把当时的环境、人物心理变化描述出来，通过你的感官认识把听众直接代入到现场，最大限度地强化"我亲历"的现场感，这对演讲主题的强化有积极的作用。比如，你的演讲主题是生命的意义，这种主题最适合描述一个好朋友的某段人生经历。这段经历可能时空跨度较大，你未必会全程参与，这时你要选取你在现场时的某个片段，比如他第一次创业失败时你陪在他身边，比如他的公司上市时你在他身边等。这种旁观者视角往往更有利于刻画人物，也不会削弱真实感。

另外，还可以把眼见耳闻等转化为一种特殊的"亲历"，让听众产生亲历之感。比如发生了一场车祸，你来到现场时，肇事车辆和受伤人员都已经不在现场了，虽然你没有目睹车祸发生的过程，但是可以通过对现场和围观群众的描述来还原事件的真相，同样会有警示和教育作用。而且，正因为你只看到了结果，所以容易站在更高的维度去审视事件的全貌，使其直接和演讲主题相互关联，减少了设计故事结构的麻烦。

还有一种情况是，事件已经结束，残留的痕迹也消失了，但是你可以去当初发生时的现场去想象和思索。比如某个企业家曾经工作过的简陋办公室、某个重大事件中涉及的物品，只要它们曾经参与到某个故事中，你都可以借助它们去还原当时的情景，让听众产生亲历之感，直观地了解原委。

很多演讲者认为自己的经历并不丰富，似乎没有什么故事可说。事实上，任何一个人都是有故事的人，大家只是缺少梳理故事的方法。有三个办法可以从自己身上挖掘故事素材。

1. 把自己想象成记者采访自己。

很多名人被记者采访时，会爆料自己过去的一些经历，这时人们会发现这些故事很多和今天的成就有千丝万缕的联系。其实普通人也是如此，今天的人格形成和早年的某些经历都有关系，而这些成长变化就是最好的故事素材。比如你可以问自己："从什么时候开始觉得自己是个失败者？""最让我难忘的一个人是谁？"当你提出这些问题之后，你会发现自己确实有值得反思的某段人生经历。从这些问题的背后发现故事素材，就会积累成一

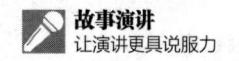

个更大的故事。

2. **询问别人眼中的自己。**

我们受制于主观思维，对自己的认识很可能是片面的，所以讲述的亲历故事也是有局限性的。为了更客观地还原故事，你可以向身边的亲人和朋友打听，问问他们："在你眼中，我经历那件事时的表现是怎样的？"用这种方式既能更全面地了解自己，又能补充一些被你忽略的事件细节，有助于让故事丰满起来。

3. **切换一个新视角审视自己。**

你可以想象一下，如果你的生命只剩下一个月，你会用这段时间做什么呢？如果你突然拥有了十个亿，你会怎么花这笔钱呢？对于这些问题的想象，当然不能形成故事，但是可以测试你自己的道德底线。你可能会发现自己究竟是什么样的人，而对这些价值观的挖掘就是故事的主题，也是最能引发听众关注的信息。

既然故事是为演讲主题服务的，那么联系自身自然是最直接也最有效的方法。从中整理出有价值的内容作为故事素材，这样演讲者更容易投入感情。你的感情被调动起来了，故事的感染力也就增强了，听众会觉得你认真，这样容易形成融洽的互动氛围。所以，既然讲自己的观点，最好用自己的故事去论证。

第三章

Chapter 3

演讲的核心：听众是谁？他们需要什么？

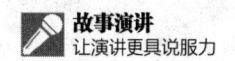

1. 你的故事不要长篇大论

网络上有一句流行语：标题越长越好。因为标题长，包含的内容就多，更容易引起关注，也更容易被搜索到。人们对"长"的东西存在好感。比如，长篇小说更容易流芳千古，因为情节丰富、人物众多、时间跨度大，能够反映出一个时代的社会特征；电视剧比电影知道的人更多，因为动辄几十集，角色多，播放时间长，容易炒话题。所以，很多演讲者在选择故事的时候，喜欢选择长篇故事，占据十几分钟甚至几十分钟，这就走入了一个误区。

在周星驰执导的电影《美人鱼》里有一句经典台词："如果

第三章
演讲的核心：听众是谁？他们需要什么？

世界上没有一丝空气、一滴水是干净的，那么你挣再多的钱，都是死路一条。"很多人对这句台词印象深刻，一是因为它阐述了一条人和自然的朴素真理，还有一个原因是这句话十分简练，没有太长的论证，而是抓住"空气和水"与"再多的钱"之间的关系，所以才能走进听众的心里。

道理都是通用的，故事越短小精悍，就越容易被听众消化，让听众对它印象深刻。演讲中的故事和前面提到的长篇小说、大型电视连续剧不同，它是在受众群体不明确、现场环境受限和认知体系冲突的前提下去讲述的。

受众群体不明确，是指很多演讲者并不像明星那样，拥有固定的粉丝。台下坐着的听众未必认识演讲者，与之会保持一定的心理距离，故事越长反而越不利于快速建立关系，很可能让人反感。现场环境受限，是指听演讲和看电视剧不同，它不是让你舒舒服服地躺在家里的沙发上，而是正襟危坐在会场里，有一种自然而然的严肃感，所以会觉得时间过得很慢。认知体系冲突，是指你的听众不会对你的言论有天然的认同感，这就需要你去说服他们，而越是长篇大论越会让人抵触，这就要求你的演讲和故事越短越好。

演讲和朗诵不同，演讲稿本身也不是独立的作品，而演讲中使用的故事也不是独立存在的，它要配合其他的演讲内容，这就决定了故事和演讲要合理分配时间和关注点。如果故事太长，用于论述的时间就太少，很可能会让听众难以消化。

当然，我们所说的长篇故事，主要指的是故事的结构上，并不是故事本身占据的时间。比如相同时长的故事，你却因为自己对结构的重建而花费了10分钟才讲完，而通常只需要5分钟即可，那么在听众看来，你的故事会显得过于冗长。这无疑是结构造成的。

演讲的精彩之处在于精练的语言，故事的魅力也在于以小见大。换句话说，我们不能用撰写论文、欣赏大型电视剧这种思维去架构故事，这不仅会给你的演讲制造麻烦，也会对听众理解故事造成障碍。

打个比方，如果你写小说时形容故事主角的父亲，通常这样写："他的父亲是一位严格的教育者，即使在家里也不肯放下老教授的架势，致使他每次找儿子谈话，都让儿子感觉自己是来论文答辩似的。他的儿子已经不记得，上一次父亲带他出去玩是什么时候了。"这段话频繁地进行视角切换，使用的修饰词也很多。而讲故事时应该采用这种思路："他爸是个老教授！每次和他说话，他都是这样的（做出低头罚站的动作）。所以，他和父亲的关系很糟糕，也很少一起出去玩。"这段话只有三四十个字，比前面文章的字数少一半，但是却更形象、更富有感染力，因为你可以在台上用一些动作去替代语言，一来节省时间，二来形象生动。

从这个角度看，故事的表达方法比文章更丰富，所以同样的长度，故事传递的信息要超过文章，因为文章要依靠文字和文字之间的关系逐渐表达出一种情绪。有的演讲者因为没有找到讲故事的窍门，就用写文章的思路去讲，结果导致故事篇幅较长。这种失败不单纯是技巧上的失败，更是对故事和文章存在着原则上的认知错误。

避免故事长篇大论的关键，就是对句子进行修改，换句话说就是缩句子，这是简化故事结构最根本的有效方法。可以这样做：

第一，一句话最好只有一个动词。

比如"他走过去拿起了一本书"可以缩成"他拿起了一本书"，因为"走过去"这个表达并没有实际意义，属于冗余的动词。

第二，一句话最好只有一个形容词。

比如"今天的太阳火辣辣的，他脸上的汗水刷刷地滚落下来"可以缩成"今天的太阳晒得他满头大汗"。不要忘了，讲到"满头大汗"的时候可以做出用手擦汗的动作，这样更加直观。

第三，能用手势表示就不用语言。

形容故事主角身材矮小，写文章的说法是："他个子很矮，只有不到一米五。"讲故事的时候不如这样说："他只有这么高（用手比量高度），不到一米五！"这样表达就用视觉信息取代了语言信息，使叙述更加生动。

第四，少用书面用语，多用口语。

比如，不要使用"彷徨"而要用"犹豫"，不要用"公斤"而用"斤"，这是为了接近大部分听众日常聊天时的习惯：用口语词汇表达。这样的好处是方便听众快速吸收信息，减少理解和加工的过程。

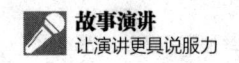

精炼是故事和听众之间的桥梁,这并非是让故事变短了,而是让故事变"活"了,让听众的情绪处于亢奋状态,这时演讲者才最有可能走进听众的内心世界。而写长篇论文的思维方式,只能让听众感觉枯燥,造成听众和演讲者之间的隔阂。

2. 一句话能概括什么？

演讲要有高度的概括性，这样才能便于听众记忆和理解。当然，这和我们前面说过的短小精悍并不相同，短小精悍是在叙述语言上下功夫，而概括性是在逻辑思维上下功夫，它是故事和演讲主题直接产生关联的纽带。

在很多会议上，我们经常听到有人说："我简单说两句。"结果"两句话"最后变成了一个钟头，这就是不懂得概括的表现。有人认为，也许发言者职位较高，想要表达的信息量大，几分钟断然是不够用的。这就大错特错了，除非这个会一年只开一次，否则在一次会议上需要表达的重点顶多三五个，让听众消化这些关键点才是开会的主要目的，如果关键点太多就会造成信息过载。同样，一次演讲也只能有一个核心主题，而故事就是为这个主题服务的。可以用一两句话对故事进行总结，通过概括故事的主题来引导听众理解演讲的主题。

前面我们说过，故事不要加入个人观点，但是一两句精妙的总结还是可以的，而不能用"我认为这个故事……"这种形式。

很多人都知道柳传志的管理哲学是非常精炼的。曾经有人问他什么才是管理思想，柳传志的回答只有九个字："定战略，搭班子，带队伍。"柳传志并没有长篇大论，而是用精练的语言进行总结。正因为句子简短，语言精练，人们的印象才会深刻，如果长篇大论说几千字，恐怕大家一个词都记不住。

如果你的演讲穿插了柳传志的创业故事，即便他没有直接说出某个精妙的论断，作为讲述者的你也可以客观地进行总结，比如在故事的结尾处可以这样说："作为行业的领头人，他的创业生涯可以用六个字形容——慎独、克上、无畏。"这样表达的目的不是为了将你的观点强加给听众，而是对故事进行梳理，让听众产生一个更加清晰的认识，还能展现出你对故事人物的理解。反之，如果你在故事结尾这样表达："我认为某某是中国很有思想的一个人，他的很多想法超过了同时代的大多数人……"这种概括就带有明显的主观痕迹，并不是听众想获得的。

概括性的语言不仅能够应用到故事结尾，也可以用在故事的开头。我们可以在演讲的开头用一句话概括的方式吸引听众的注意力："今天我要讲一个文化名人的故事，他的人生就是'快马弯刀'。"很多听众都会好奇：文人和快马弯刀有什么联系呢？这样一来，他们就会认真听你讲下去。等到故事结尾的时候你再总结一下："这回大家知道了吧？他思路敏捷，所以是快；他不知疲倦，像马奔驰千里一样；他擅长曲笔，因此是弯；他字字见血，如同用刀杀人一样……"这种概括就是融入到故事中的人物和情节里，既客观又准确，还会让听众感叹，增加对演讲主题的认知度。

　　高度概括的语言，不仅会让你的演讲主题易于被听众记住，也会让你故事中的人物变得形象生动，更能体现出你缜密的逻辑思维，所以听众会自然而然地认为你总结出的道理更有可信度。前几年网络上流行一句话："会总结的都是高手。"为何这么说？因为总结能力强是建立在对事物高度熟悉的基础上。同样，只有当讲述者参透了一个故事的内核，才可以毫无障碍地讲给别人听。

　　很多时候，概括性的语言都需要即兴发挥。比如你在讲故事时发现听众没有很好地理解，这时你可以简单概括一下帮助听众消化："刚才我们说的他创业这一段，大家发现问题没有？三个字，蠢、急、软。蠢就是他创业所依托的这个创意糟透了，急就是没有等待最佳时机，软就是投入的力度不够……"利用这种插入式的概括，不仅不会让听众出戏，反而会让他们茅塞顿开，对于接下来的情节讲述有重要的辅助作用。

　　概括化的语言主要是为了强调演讲的核心观点而不是故事的主要情节。那么，如何强调核心观点呢？最常用的办法就是重复

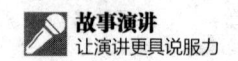

性的表达。

前几年流行的一句网络用语是"重要的事情说三遍",就是强调重复的好处。在《重复的力量》这本书中,也强调了重复的重要性,鼓励大家去重复自己的核心观点,这是因为不断重复的话能够长久地留在人脑中无意识的深层区域,而这些恰恰是人们行为动机形成之处,即便你忘了这些话是出自何人之口,也不会忘记这些话并对此深信不疑。比如在2005年,乔布斯在美国斯坦福大学的毕业典礼上做了一次主题演讲,他在收尾处重复了三次核心观点:"求知若饥,虚心若愚。"让听众记忆深刻。

有一句话:能把一句话说成十句话的人是语言的庸才,能把十句话说成一句话的人是语言的天才。对于演讲者来说,能够提炼出故事的观点、要点才是变身为"故事高手"的第一步,是打通和听众认知隔阂的关键。

3. 60秒了解红酒知识

成功的演讲要有传播性,让你的听众帮助你进行信息的二次传递。

网络上曾经流传一篇很火的文章,名字叫作《60秒了解红酒知识》,是一篇介绍红酒知识的商业软文,大概一千多字,快速阅读的话要花1分钟左右。为什么这篇小文章传播率极高?我们先提炼一下这篇文章的主要内容。

用60秒的时间看看有关红酒的7个问题:第一,红酒不等于葡萄酒。其实红酒只是葡萄酒中的一种,因为葡萄酒还包括白葡萄酒、桃红葡萄酒。第二,赤霞珠是葡萄品种的一个。很多人误

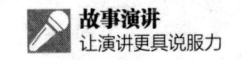

认为它是一种酒，其实它只是一个葡萄品种。第三，葡萄酒对身体有很多好处，比如抗癌、延年益寿、美容养颜、抗衰老等。第四，年份越高越代表葡萄酒好吗？显然不是，因为葡萄酒也存在着适饮期，有些葡萄酒越早喝越好，还有一些适合收藏，当然也有一些葡萄酒存放时间越长越有收藏价值。第五，挂杯的葡萄酒未必就好，因为挂杯主要和酒体的轻重有关，很多酒体轻的酒反而挂杯现象不明显，但依然是好酒。第六，瓶底凹槽深的不一定是好酒。民间总有一种观点，认为酒瓶的凹槽代表着"上档次"，其实它的作用只是积存酒内出现的沉淀物，而绝大多数葡萄酒在储存的过程中都会出现沉淀，和酒的品质无关。沉淀是不可避免的现象，就像人不可能是十全十美的，只是一种客观的规律和现象。第七，干红是什么，干其实就是不甜的意思，主要是指每升残糖量不超过4g的红酒，而干红能够让人喝下去之后产生意犹未尽之感，唇齿舌喉会残留着酒香，耐人回味。

就是这么一篇短小的文章，转载率很高。那么它到底成功在何处呢？其实是三个字：营销学。那么，营销学和故事演讲有什么关系呢？其实，演讲本身就是营销。

演讲营销的是什么？是你的理论和观点，而客户就是你的听众，故事肩负着营销的重要作用。既然是营销，就要明白营销学中的常见套路。

第一，标题简洁。

《60秒了解红酒知识》，标题字数不多，让人们一看就知道普及的是红酒知识，而且只占用60秒的时间，意味着在最短的时间内总结出最精炼的信息。60秒强调了这篇文章是"干货",价值极高。

第二,扩大受众目标。

对于红酒厂商来说,有固定的老客户群体,也有待开发的潜在客户群体,所以这篇文章才总结出7个问题,这是为了照顾到不同的人群。如果只总结3个老客户关心的问题,就可能流失一些完全不懂红酒但感兴趣的潜在客户,营销效果就大打折扣。演讲也是如此,坐在台下的听众可能来自五湖四海,也可能来自各行各业,所以你的故事要尽量照顾到不同的群体,让他们都能听懂。不要制造"地域壁垒""学历壁垒""阅历壁垒"之类的障碍,这样才有机会引起大多数听众的共鸣。

第三,具有科普价值。

很多时候,客户关注一个产品往往源于对一个未知领域的了解欲望,而当你向客户科普了相关知识以后,他们才发现这个产品正是自己所需要的。对于红酒,很多人或多或少都了解一些,但可能是一知半解,所以《60秒了解红酒知识》中挑出了最容易引起人们误解的几个问题,比如红酒和葡萄酒是被包含和包含的关系,比如葡萄酒对人身体健康的好处……这些关键点的提炼,科普了红酒的知识,切中了人们想要强身健体的诉求,自然就激发了潜在的购买欲望。对演讲者来说,你选择的故事同样要有科普价值,可以解决大众想要了解的某些领域的难题,比如和去外企求职有关的,和穷游欧洲有关的……当你通过故事对听众科普这些知识时,他们才会觉得这里面有"干货",从而认真聆听你

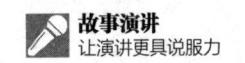

的故事和其中传达的信息,你就有了营销理论的有利氛围。

第四,巧妙比喻。

但凡是营销,总会涉及一些专业术语,客户很可能对此完全不了解,那么如何在短时间内让听众理解呢?最直接的手段就是用比喻,既直观形象又通俗易懂,还能展示出演讲者高超的营销才能。比如文章中提到的红酒制造过程中的沉淀现象,作者用"天山童姥"来比喻红酒的抗衰老效果,形象直观,让听众觉得花钱买逆生长是值得的投资,这比用"不长皱纹、不生眼袋"等老套广告词生硬地推荐要巧妙很多,还能让人会心一笑,十分接地气。

第五,委婉对比。

《60秒了解红酒知识》在介绍红酒对人的健康作用时有这样一段话:"看脸的世界,大家都想要拥有好看的脸蛋、嫩滑的肌肤。花了大量的护肤品钱,还不如来喝一下金蝴蝶葡萄酒。葡萄酒的一些有用物质,具有美容、养颜、抗衰老的功效,所以想变成'天山童姥',你还差每天一杯葡萄酒。"这段话虽然是在做广告,却采用了委婉对比的方式,不是逼着消费者相信,而是通过对比让消费者自己选择:花大量的钱买护肤品效果未必好,花钱买金蝴蝶葡萄酒,既饮用了上好佳酿,又能获得美容养颜的功效,哪一个更划算呢?对演讲者来说,委婉对比强于生硬的灌输,你不必让听众接受你的观点或者案例,只需要拿出另一个相形见绌的样本摆在他们面前,让他们自行对比就会产生足够的信服力。比如,你想动员听众购买一款商业医疗保险,只要给他们对比买保险和不买保险所承担的不同费用，就能让一部分人产生购买意向，这就是委婉对比的作用。

第六，专业性。

在文章讲述第七个问题时，讲到了干红的定义——每升残糖量不超过4g的红酒，其中"4g"就是一个很精准的量，指出了干红和普通红酒的区别。在演讲中，为了凸显演讲者的专业性，也需要在故事中适当植入一些专业化的词汇，当然这不是为了卖弄你的专业，而是为了体现一定的精确性，让听众明白其中的含义。

如果你把演讲视作一次营销推广，那么你的演讲对象会更有针对性，你的演讲主题会更明确，你的演讲语言也会更具象化。自然地，你就知道听众需要一个什么样的故事，以及你该如何去讲述这个故事。一次成功的演讲，也是一次高明的营销。

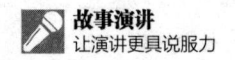

4. 女招待和她的瑰丽人生

我们渴望传奇，因为我们多数人是平凡的。一个富有传奇色彩的故事往往具有震撼人心的力量，也是演讲故事的最佳素材。不过一个传奇故事也需要适度的包装，因为听众的内心会设置一道围墙，只有通过有技巧的讲述才能突破它，直达听众最柔软的内心世界。

有这样一个女子，她明明生活在现实中，却像是活在噩梦里，她要忍受贫穷和屈辱，她从幼年时代开始就背上了沉重的负担，这个负担就是让她的母亲和弟弟过上幸福的生活。

这个女子名叫黛薇，她1940年出生在东京，从记事起她记得

第三章
演讲的核心：听众是谁？他们需要什么？

的第一个词就是"B29轰炸机"。她住在东京的贫民区，每天都要躲避空袭，她的母亲是一个瘸子，带着她和弟弟跑到乡下躲避战火，却遭到当地村民投来的石块，因为他们是外乡人。二战结束后，黛薇一家的日子变得极其困难，父亲因为饮用工业酒精失明。后来黛薇参加了千代田寿险公司的招考，从450名竞争者中脱颖而出，但她并没有就此满足，而是读了一家高中的夜间部并参加了演艺培训班，后来参演了《女教师的记录》。

父亲去世后，黛薇来到高级夜总会"红马车"当上了女招待，她一面掌握讨好男人的办法，一面努力学习英语，深受外国客人的喜爱。很快，她接受了一个外国人的追求。1959年，黛薇在"东日贸易"公司董事长的安排下见到了印尼总统苏加诺，两个人开始了通信。后来黛薇以秘书身份被派往印尼，开始了和苏加诺长达两年多的秘密同居生活。没过多久，黛薇的母亲因病去世，弟弟自杀身亡。1962年，苏加诺迎娶黛薇，她名正言顺地成为总统夫人，黛薇和苏加诺度过了一段浪漫时光。出身的低微让她没有地位，不过黛薇依然陪伴在苏加诺左右，不断参加各种国事活动，出任了"印尼与日本友好协会"的会长。1965年，印尼爆发了军事政变，苏加诺被软禁，黛薇此时身在巴黎，几经辗转在苏加诺临死前见了他最后一面。1991年黛薇移居美国。最终，黛薇决定叶落归根，于1993年回日本定居，她以53岁高龄出版了一本全裸写真集《秀雅》，遭到印尼的抵制，黛薇由此成为综艺节目红人，还给杂志社写专栏并出版书籍。2000年，黛薇出版了《黛薇的只言片语》，抨击了日本文化界名人。虽然年岁已高，但她仍然穿着袒胸露背的礼服和孙子辈的男伴出席晚会,她多次举办慈善晚宴并组建了音乐基金会和演讲团体。

黛薇的故事备受人们关注,因为这个故事具备了一个精彩故事的六个特征。

第一,宏大的历史背景。

什么样的故事最有说服力?架构在历史背景之下的故事,因为它能反映出一个时代的变迁,也具有更高的可信度,比"我身边朋友"的故事更真实。黛薇经历的第二次世界大战、战后印尼的重建和政变以及当代日本的发展现状,这些都让她的故事不单纯是个人的经历,更附带有一个时代的变迁以及多个国家的发展历程。听众对这一类故事会以严肃的态度去看待,而你要传递的信息也会被听众仔细斟酌。

第二,弱者的视角。

黛薇是一个出身贫寒的弱女子,贫穷、苦难成为她的人生标签,她所代表的是日本最底层的人民,因此更具有反思价值。对于那些以民生为主题的演讲,选择一个弱者的故事更能揭示某一类社会现象,也更能引起听众的同情,这对于塑造人物和阐述演讲主题都有重要作用。

第三,传奇色彩。

一个苦难者的故事,最多只能赚取听众的眼泪,并不能震撼和吸引他们。黛薇从女招待变成总统夫人,又成为日本社会的名流,这是一种极富传奇色彩的经历,是非常好的故事素材,如果采用倒叙,会瞬间调动起听众的好奇心:"今天我要讲一个总统夫人的故事，不过她有些特别，她既是一个外国人，又是一个出身寒微的女招待……"这样的开场往往能迅速俘获听众的心。

第四，励志性。

故事只有传奇性是不够的，还要有正向的激励作用。你讲述一个人买彩票中了几千万，这个故事也许传奇，但是绝对不励志，也没有深入挖掘的价值。从黛薇的人生经历中，听众了解到她认识苏加诺是命运的选择，而她努力学习外语是先决条件，也会敬佩她出身贫寒却不忘记通过学习来提升自己，这些是每一个普通人都能够借鉴的优秀品质，也可以被演讲者转化为主题思想进行传播。

第五，反传统。

要想让故事产生足够强烈的震撼力，就要切换到一个全新的视角。黛薇的人生既是不平凡的，也是叛逆的，比如她拍摄写真集、针砭时弊，更重要的是她代表着战后日本的新女性：她们渴望获得知识和自由，渴望去了解整个世界，渴望与妇女相夫教子的传统进行抗争，而这些都是演讲者打破传统的惯用切入点。如果演讲者要传递激进的思想，就可以借助黛薇这样的故事框架去传递。

第六，争议性。

黛薇的反传统也让她变成饱受争议的人物，正是这种争议性，让黛薇充满了话题感，听众也愿意了解和讨论像她这样的人物。而那些过于规矩的、完全正面的人物鲜有讨论价值，很难借助他们去阐发你的演讲核心。所以，一个能够传播和引起关注的故事，往往是一个有争议的故事，这也很考验演讲者驾驭特殊话题的能力，更决定其故事是否受人欢迎。

我们从黛薇的传奇经历不难发现，一个精彩的故事需要鲜明的时代背景、特立独行的人物、争议事件等多方面的包装，这样才能让故事有感染力。

5. 从一支钢笔到华尔街

好的故事都有一个共同特点：它们可以当做营销案例的素材。为什么这样说？因为营销直击的是人的内心，故事打动的也是人的内心，内心关联着情感，情感能够左右思维，思维会引发行动，所以一个优秀的故事本身也具备一定的营销属性。

在电影《华尔街之狼》中有一个片段：莱昂纳多扮演的主角乔丹是一个销售奇才，在他事业刚刚起步的时候，找了一些狐朋狗友一起创办公司，靠打电话推销垃圾股票获得高额提成。他在饭桌上向朋友传授销售秘诀，他拿出一支笔，让朋友想方设法把笔卖给他，那位朋友说："可以帮我签个名吗？"乔丹说自己没有笔，朋友把笔扔给了他："现在你需要这支笔了。"

乔丹的朋友通过创造需求卖笔，自然而然地达到了营销的目的。其实，销售就是发现需求、创造需求以及满足需求。只有让这种需求明显表现出来，才能实现销售。因为需求是无穷的，然而新的需求又难以被认知，只有创造了恰当的供给才能发现新的需求。

高明的销售员都懂得将客户带入有需求的情景当中，在客户没有需求的时候去夸耀产品有多好是无意义的。同样，对于演讲来说，也要把听众当成客户，听众既是你传递信息的接受者，也是你传递信息的潜在传播者，如果抓准了他们的需求，就能策划一场成功的演讲。

演讲和销售一样，存在着三种方法，但每一种方法的"段位"明显不同，下面我们就按照从低到高的顺序分别讲述。

基本段位：发现需求。

就像《华尔街之狼》中的卖笔一样，如果你是推销员就要思考：谁会需要这样的一支笔，也许是一位文员，也许是一位经理，因为他们的职业使他们需要笔。同样，当你选定一个演讲主题后，就要考虑这个主题针对的目标群体。确定目标群体之后，你就知道该选择一个什么样的故事了：故事的主角应当是目标群体的代表，故事情节应该和这个群体的经历有关，故事的场景也应当是他们熟悉的场所。

比如，你要做一场有关律师自考的演讲，在座的听众都是考生，你为了证明自己推广的学习方法是正确的，就要找一个采用这种学习方法并自考成功的考生作为故事主角，这样听众才会感同身受，认为听了这个故事会获得自考成功的经验。简单说，演讲者要多和听众接触，提前了解这个群体的某些共同特征，这就是通过发现需求来锁定演讲核心。

升级段位：创造需求。

《华尔街之狼》中卖钢笔就是使用这种方法：如果你找不到一位文员或者一位经理，而是面对一个对笔没有刚需的人，那么你就要创造需求，让他们需要一支笔去完成某项工作。同样，演讲者有时候是无法挑选听众的，如果突然被安排去给一个不熟悉的受众群体做演讲，而演讲者所熟悉的理论和自身的经历与受众群体并不重合，那该怎么办？那就要给他们创造接受你理论的需求。

比如你是一个对财务管理十分擅长的人，面对的听众却是一些中学生，他们没有经济收入，和财务管理距离十分遥远，那么你不妨从"如何管理零花钱、压岁钱"这样的主题切入，让学生们发现，财务管理就在自己身边，是可以用到的知识。这时你再深入浅出地给他们讲财务管理，他们就会认真接受你传递的知识，这就是为听众创造需求，推销你最擅长的知识和经验。

最高段位：引导需求。

有的时候，你的客户对笔有潜在需求，但是他已经买了，那么你如何再卖给他一支呢？我们可以对已经有笔的客户说：我不卖了，我送给你这支笔。一般来说，对方肯定会接受，在使用了一段时间之后，发现这支笔确实很好用，比他之前购买的笔好

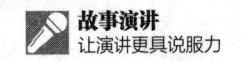

用，那么他就会成为你的客户，这就是引导需求。

演讲也是如此，如果你的听众不需要你推销的观点和理论，你就要引导他们。比如，你擅长讲求职面试的法则，但是在座的听众都有稳定的工作，而且多数已经结婚生子，跳槽的可能性不大，那么你不妨把求职面试的法则深化为职场升职法则。其实理论内核不会发生太大的改变，但是侧重点发生了变化，就会让安于现状的听众忽然意识到：原来我不应该满足现状，还有机会升职加薪。

演讲的目的是什么？传播你的思想。为什么有的听众对你讲述的观点没有需求呢？是因为他们有更基础的需求。比如你的演讲是介绍如何求职的，可你面对的听众还在考虑如何升学，他们还愿意听你演讲吗？如果你能把求职的知识转化为升学的知识，听众就会愿意从中学习相关经验。再或者，你把求职的小故事讲得非常精彩，让听众提前储存到大脑中作为日后可以用上的知识，这样一来，你的演讲也就有了新的受众基础。

高明的营销不是客户需要什么就卖什么，而是自己手里有什么就卖什么，一个演讲者也是如此。你所掌握的知识和经验都是有限的，不可能适用于每个受众群体，这时你需要把自己掌握的信息适当转化为听众需要的信息或包装成听众需要的信息。当然，你掌握的信息不能是虚假的或者有害的，一个演讲者绝对不能成为有害信息的制造者和传播者。

第三章
演讲的核心：听众是谁？他们需要什么？

6. 酒店巨头与沙漠里的富人

演讲的真谛是什么？这不仅是每一个演讲者都会思考的问题，也是很多听众愿意探寻的话题。当我们需要总结归纳有关故事演讲的技巧时，不妨先训练自己讲故事的思维，通过它提升我们的演讲水平。

1984年，建筑师、设计师以及制图师理查德·沃曼在加州蒙特雷市举办了第一届TED大会，大会名字的由来是科技、娱乐、设计三个英文单词的首字母，于是他邀请了科技界、娱乐界和设计界的大咖。沃曼按照他的兴趣来规划TED会议，为TED设立了很多独特的规则，其核心目的是探索不同行业领域中出现的新思想。

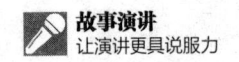

沃曼出生在费城一个犹太商人家庭。从宾夕法尼亚大学建筑系研究生毕业后，他到美国现代派建筑师路易斯康的工作室工作。30岁时和两个伙伴创办了一家建筑设计公司，不过生意一直不好，后来去大学教书又被辞退，生活十分拮据。当然，沃曼并非一事无成，他在26岁的时候出版了第一本关于世界各城市相对地形图的书。在20世纪70年代，沃曼开始主持专业会议，比如国际设计大会、美国建筑师协会等。1980年，沃曼来到洛杉矶，出版了一本城市指南却销量不佳，后来被CBS（哥伦比亚广播公司，美国三大全国性商业广播电视网之一）总裁弗兰克·斯坦顿看中，就投资了沃曼的公司，让他继续通过图形和富有逻辑的编辑方式让游客理解纽约、东京这样的国际大都市。1990年，沃曼将公司卖掉后得到了几百万美元。

1983年，一个退休的电视制作人马克斯来到加州，听从了别人的建议，构思出了TED的雏形，于是拉沃曼入伙。当年TED的注册人数并没有达到预期，沃曼却坚信它能成功。结果，第一届TED大会现场观众只有一半，两位投资人也拒绝出席，沃曼他们赔了钱，第二届TED大会依然反响平平。经过一段时间的整合与梳理，1992年召开了第三届TED大会，结果门票一售而空。

沃曼虽然不是TED创意的提出者，但他是TED的真正缔造者。后来他在加州一个偏远的沙漠城镇过上了富足惬意的生活，他后半生的幸福和TED的成功不无联系。

TED大会何以风靡世界，成为演讲者学习的范本？

第三章
演讲的核心：听众是谁？他们需要什么？

第一，创意非凡。

在第一届TED大会上，人们看到了很多前所未见的东西和理论：CD唱碟机、卢卡斯影业公司的三维图形、法国数学家和分形理论之父贝努瓦·曼德布洛特讲述的海岸线地图绘制理论……当时，TED大会上的每次演讲都会颠覆听众的认知。同理，故事演讲也需要注入一些新的知识，不能总是炒冷饭，这样才能启迪听众。毕竟，创意是推动人类社会发展的智力动能。

第二，独树一帜。

沃曼为TED设立了许多独特的规则，比如抛弃传统会议的讲台，不雇佣演讲者，不邀请政治家……在沃曼看来，职业的演讲者习惯了说谎，而他想听到真话。所以，沃曼将TED大会变成不拘一格的聚会：不管是谁都要在胸前挂上名牌，也不允许穿正装，只要有人系领带，沃曼就剪掉他们的领带。沃曼天生有一种为别人创造良好体验的天赋，他知道什么样的交流距离最合适，还知道何时安排娱乐信息、何时设计一个黑房间以及何时让房间亮起来等，这些都成为TED大会的传统延续下来。对于演讲者来说，除了要设计一个精彩的故事之外，也要尝试在现场布置好让听众舒适的环境，比如柔和的灯光、适当的配乐等，这些虽然不能改变故事本身的精彩程度，但是能够让听众在舒适的环境中接收你表达的信息。

第四，从兴趣出发。

沃曼说，他创办TED是为了满足自己的好奇心，可以借此和很多聪明人交流，所以他按照自己的兴趣去规划TED，这种强大的精神动力让他一门心思地扑在TED上。和他感兴趣的人交流，挖掘前沿信息，这是他能够把TED大会办下去的关键。对于故事演讲来说，也应当从演讲者自身的兴趣出发，不要为了跟风去选择自己并不感兴趣的话题，这样既不能发挥自己的优势，也不能给观众提供有价值的信息。

第五，不拘一格。

沃曼邀请的演讲者来自各行各业，基本上没有身份限制，这样才能让听众了解得更丰富、全面。比如一个名叫乔治·迪逊的人，他曾经在《纽约时报》发表了《机器中间的达尔文》，说要用毕生精力去建造皮艇。这个信念打动了沃曼，于是迪逊登上了TED的讲台。还有一对名叫拉斯皮尼的兄弟，他们是魔术师，沃曼因为想看他们的现场表演就将他们邀请过来……从这些事例可以发现，演讲者选择故事也要不拘一格，不要认为只有严肃的正史故事、正统的论文才能登大雅之堂，那些民间文学、市井笑话上不得台面。其实，故事不分雅俗，只要能够阐述演讲主题就可以拿来用。

TED演讲之所以能成为演讲界的标杆，正是因为它打破了人们对演讲的习惯认知，让听众获得了耳目一新的感觉。它的目的不在于创新演讲的形式或者是树立演讲者的声望，而是抛开世俗杂念和功名利禄，聚焦在"如何快乐地分享故事"上，让听众在获得良好收听体验的同时，自主地进行有益、深入的思考。

7. 丘吉尔和"永不放弃"

故事演讲之所以深受欢迎，是因为它蕴藏着人类永不枯竭的好奇心、进取心、求胜心。每一个演讲者都渴望与听众建立真正意义上的情感联系，而造就这种奇妙关系的根本就是精神信念的传承。如同工匠技艺通过学徒们薪火相传一样，人类依靠演讲传递精神遗产，这正是演讲的魅力所在。

英国的传奇首相温斯顿·丘吉尔是一个铁腕人物，他带领英国人民英勇反抗德国法西斯并获得了最终的胜利。丘吉尔不仅是一位卓越的政治家、外交家，还是一位出色的演讲家。他的演讲非常鼓舞人心，鼓舞他们克服各种困难，具有很强的鼓动性。

丘吉尔最精彩的演讲是他最后的一次演讲，题目是"成功的秘诀"。当时在剑桥大学的毕业典礼上，礼堂有上万名学生，丘吉尔在随从的陪同下进入会场，他注视着台下的听众说："我成功的秘诀只有三句话：Never give up! Never never give up! Never never never give up！（永不放弃）"一席话说完，会场上响起了热烈的掌声，当人们意识到演讲已经结束时，丘吉尔走下了讲台，竟然第四次说出了"Never give up!"让听众想起了纳粹飞机在伦敦上空轰炸时的惨烈情景，以及那个左手紧握雪茄、右手挥舞象征胜利的V字手势的不屈首相，不少人一边回忆一边流下了感动的眼泪。丘吉尔这次演讲全程持续了20分钟，成为演讲史中的经典。

从丘吉尔的演讲生涯和事例中可以发现，演讲者打动听众有以下六种技巧：

第一，内容精炼。

"Never give up"是一句极其简短的话，按理说信息量不大，能够传递给听众的有效信息很少。但是也正因为其精炼，才更容易被理解，无论是何种出身和经历的人，"Never give up"都是一个能够被认可的名言警句。同样，一个简练的故事，就能避免冗长复杂的故事情节，易于让听众接受。因为信息的关键元素较少，产生认知冲突的概率就会随之降低，这对树立演讲者的威信很有帮助。

第二，打造精神内核。

无论从哪个角度看，"Never give up"都是一句可以当成口号的话，它听起来有些务虚，却最能触及人心，因为它强调的不是知识和经验，而是一种精神动力，人们愿意用这句话去激励自己。那么，一个故事如何能打动人心呢？要么是故事主人公拥有强大的精神力量，要么是事件本身具有激励价值，而这恰恰是听众需要获取的一种能量。演讲者可以借用故事来宣扬一种信念，比如海明威在《老人与海》中宣扬的"一个人可以被毁灭，但不能被打败"的观点一样，因为具有激励人心的作用，就能为听众注入一股精神力量，而这种精神信念也构筑了故事的内核，从侧面凸显演讲主题。

第三，多次重复。

丘吉尔演讲的魅力在于多次重复简短的话，"Never give up"的反复出现给听众带来了强烈的冲击，能够最大限度地激发人们对"永不放弃"的认知。当然，演讲者在讲故事的时候，并不需要把故事多次重复，而是应该把故事中的某段台词多次强调。比如你讲述了一个有关残疾人自强不息的故事，可以多次重复主人公的台词"我的腿断了，但我的希望没断"，这样既能加深听众的记忆，还能凸显故事的主题。

第四，调动情绪。

丘吉尔的演讲能够打动人心，不仅在于他高超的表达能力，更在于他成功地调动起人们渴望获得胜利的情绪。正向的情绪可以促进人积极地思考，继而采取合理的行动，最终获得一个良好的结局。所以情绪一旦被调动起来，就能让人激发出潜能，放在群体中就是团结一心、凝聚合力，爆发出更大的能量。

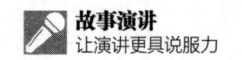

第五，借助个人魅力。

一个成功的演讲者离不开个人魅力的辅助，丘吉尔之所以能够成为英国人民心中的英雄，和他的浪漫情怀与坚定意志是分不开的，这种气质构成了他的个人魅力，能增强他演讲的说服力。同样，一个演讲者也需要把自身的某些优点展示给听众，让听众认为自己在听一个有趣的灵魂讲话，会加深彼此的信任感。当然，很多时候演讲者没有和听众充分互动的条件，那就要依靠良好的"台风"来展示自己：整洁的外表、不凡的谈吐或者恰当的肢体动作等。如果演讲者的个人条件不够抢眼，也可以通过临时策划的互动环节来展示你最闪光的一面，比如你的组织能力、应变能力等，有了这种魅力做铺垫，演讲效果自然好。

演讲是一门综合各种技艺的沟通方式。演讲者是信息输出的一方，要想让你的观点"无损"地被信息接收方理解，就要从各个方面入手，集聚优势，让你的演讲风格与众不同，让你的故事令人耳目一新，这样才能深深地抓住听众的心。

第四章
Chapter 4

故事汇
——演讲大师怎样讲故事

1. 西蒙·斯涅克的"领袖力"模型

当你向公众宣传一种新理论时,你是选择认真介绍理论内核还是讲述一个能说明它的故事?如果你难以回答这个问题,不妨想想:当你参观人文景点时,是让导游为你背史书还是讲述历史故事呢?答案不言而喻。

西蒙·斯涅克是提出"领袖力"的第一人,也是国际知名广告专业人士。他发现了一个非常简单却有威力的黄金圈法则:有些企业和个人的成功,是因为其富有感召力。为了宣传自己的理论,斯涅克给各类政经组织开办了有关领袖力的讲座,不过他没有长篇大论讲述其中的道理,而是用一个简单却震撼的故事做了

第四章
故事汇——演讲大师怎样讲故事

说明。

这个故事是有关莱特兄弟的,不过主角并不是他们。

故事的主角名叫塞缪尔·兰利,恐怕很多人都不曾听说过这个人。在20世纪初期,很多人都在努力研究机动飞行器,兰利就是其中最被看好的,因为他具备成功的条件:外部形势有利、帮手众多、资金充足。外部形势有利表现在科技环境和舆论支持上;帮手众多是因为兰利在史密森尼学会(唯一由美国政府资助、半官方性质的第三部门博物馆机构)工作过,所以人脉丰富,结识了当时最优秀的人才;资金充足是因为当时国防部给了兰利5万美元作为研究飞行器的资金。尽管占据了天时地利人和,时至今日还是鲜有人知道兰利的大名。

和兰利形成鲜明对比的是同时代的莱特兄弟,他们的团队中没有人上过大学,没有媒体关注他们,更没有资金支持,但是他们努力追求一个目标和一个信念,而兰利追求的是发财和成名。最终,莱特兄弟的飞机在1903年12月17日成功起飞,而兰利在当天就辞职了,因为他知道自己不会变得富有和出名了。

斯涅克的故事引出了一个重要话题:莱特兄弟有领袖力吗?当然有。他们在一穷二白的情况下撑起了一个团队,用什么撑起的呢?信念。事实上,对飞机痴迷的人,无论是使用者还是制造者,往往不会只关注飞机本身,还会怀揣人类的飞行梦想,是一种依托于机械但升华成信念的存在。为什么吸引和自己拥有相同信念的人很重要呢?因为在人类社会中,革新者只占总人数的2.5%,剩下的人都是采纳者(源于美国学者埃弗雷特·罗杰斯的

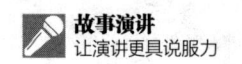

"创新扩散理论"），那么革新者就要用信念去领导剩下的人跟随他们的思维前进。

这就是斯涅克用来讲解领袖力模型的故事，听了以后是不是感悟颇多呢？对演讲者来说，能够从斯涅克的故事演讲中发现哪些诀窍呢？

第一，选择有深度的故事。

斯涅克的演讲主题是领袖力，但是他很少提及这个词，而是将叙述的重点放在了莱特兄弟和兰利的故事上，故事讲完了，很多听众也初步理解了"领袖力"最核心的部分。"领袖力"对了解管理学的人来说并不陌生，但很多人依然无法吃透它的真正含义，要想阐述清楚"领袖力"这个概念，最好采用一个有深度的故事。如果故事仅仅是有趣而缺乏深度，听众就难以找到思考的入口，他们就会放弃开动大脑，距离演讲者要表达的信息越来越远。

第二，选择典型案例。

斯涅克的演讲是要讲述领袖力模型，模型有什么样的特征呢？应该是有知名度、有代表性、有借鉴意义的。莱特兄弟的故事有绝对的知名度，也是一个带团队创业的典型故事，更是一个值得听众学习和借鉴的故事。正因为这个故事十分典型，所以能让听众快速理解并记忆，根据这个样板举一反三，形成可重复性的认知。这个故事就为演讲主题做出了贡献。

第三，选择新的切入角度。

莱特兄弟的故事虽然大家耳熟能详，但是斯涅克并没有把他们当成叙述的主角，而是选择了一个十分冷门的人物——塞缪尔·兰利，成为老故事的新切入点。由于很多听众未曾听说过兰利，所以他们的好奇心会被充分调动起来，这比直接讲一个新故事更吸引人。而且，新的切入角度会让听众认识到：我能够从这个老故事中得到新的启发。这样一来，听众就会有意识地去关注演讲者传递的新信息，故事有了新鲜感，演讲主题也就有了新意。

第四，选择可对比的人物或者事件。

有些观点，需要通过不同的人物或者事件之间的对比才能阐述清楚，为什么呢？因为凡事都有正反两个方面，如果只讲述一个人物往往是片面的，但如果有了对比，那么就会凸显其中一方的正确性。所以，演讲者选择的故事可以考虑引入"双主角"，一个充当正面角色，一个扮演反面典型，通过对他们在某个事件中的表现和结局进行对比，引导听众生成一个特定的认识，这样才能有的放矢地引发深度思考。

第五，适当引入科学数据。

斯涅克引用了"革新者占总人数的2.5%"这个科学数据，增强了说服力，给听众思考的过程增加了一道保险：既然有科学数据支持，那么这或许有道理。事实上，很多演讲者并不太在意科学数据的引入，他们认为凭借一个观点独特的理论就能征服听众的大脑，因而忽略了科学精神的说服作用。

从西蒙·斯涅克的演讲中不难发现，想要打动听众，不要过度依赖某种创新手段去包装你的演讲，而是聚焦在恰当的案例与合理的表述方法上。比如斯涅克选择莱特兄弟和兰利发明飞机的

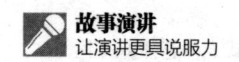

故事，并没有进行太多的信息加工和包装，只是在万千的故事素材中选择了最合适的一个。正如人们常说的："选择比努力更重要。"选择好的故事素材，选择好的故事切入点，选择好的人物对比……这些正是成为演讲大师的必备技能。

2. 吉尔·伯特·泰勒
——一个"半边脑子不转"的探索者

探索,是人类了解世界和征服世界的必由之路,它既包含空间上的地域探索,也包含认知上的科技探索。当"探索"成为一个抽象、浓缩的概念时,它也会变为一种激励人心的存在,成为人类战胜自然、变革社会、突破自我的强大精神动力,也非常适合作为演讲的主题。然而这一类演讲又是一件知易行难的事情:用什么样的故事素材才能激励人们去甘当探索者,并了解探索的真正价值所在呢?当他人对此产生质疑或不解时又该如何做出解释呢?

1996年,哈佛大学脑神经科学家吉尔·伯特·泰勒的左脑血管忽然破裂,导致中风,当时她只有37岁。然而她没有被这意外的不幸击倒,而是依靠自己对人脑结构的了解,通过开发右脑解救了左脑,随后把自己从中风到康复的过程写成一本书。泰勒通过自己中风的感受,体会到了人们常说的"开悟"并非一种虚幻的感觉,而是一种平和的生活态度。

后来,泰勒参加美国著名的电视节目《奥普拉·温弗瑞脱口秀》时,满怀深情地表示:"只要人们愿意,就可以靠着意识跳出左脑,进到右脑来寻找这份安详。然后,我发现这个经验是多么的宝贵。我相信,如果我们花愈多时间,启动右脑那安详平和电路,我们就可以把更多的安详和平和投射到这个世界上,我们的地球也将变得更平和。而我认为,这是个值得传播出去的想法……"在泰勒的演讲中,有一句话发人深省:"在亲身体会自己的左右脑功能后,我选择从另一个角度去看事情……这次中风带给我最无价的礼物是——内心深处的平静只在一念之间。"

在与奥普拉的对话节目中,泰勒一再呼吁:我们每一个人都有这种进入涅槃体验的能力,只要你愿意,就能随时随地进入你的右半球大脑作主的状态,而让左半球的功能运作仅作为被你使用的工具,永不再被它控制。

我们知道,左脑主要负责逻辑理解、记忆、时间、语言等功能,有着"意识脑""学术脑"以及"语言脑"等称号,而右脑主要负责空间形象记忆、直觉、情感、身体协调等功能,有着

"本能脑""创造脑"以及"艺术脑"等称号。

泰勒认为，大多数人之所以没有看到世界和宇宙奇妙的一面，是因为大多数人从小接受的鼓励和教育基本上是侧重使用左脑半球的能力，而左脑能力的开发利用在社会上所取得的成就更容易受到奖励，因为它掌管语言、文字、逻辑、计算等功能，实用性更强，然而大脑右半球给人类的才是关于世界的大图像。泰勒不无感慨地表示，作为科学家和研究大脑的专业人士，能够以亲身体验来研究自己的大脑是罕见而幸运的，如果这一切能够重来，她仍然愿意回到1996年颅内血管破裂的那一天。

泰勒的特殊体验，让人们再一次想起并确认印度哲学家克里希那穆体说过的一段话："能不能停止你的思想？封存你的记忆，尝试着大脑宁静不要带任何语言去体验观察事物，对事物没有分别和边界感，消除自我中心感觉，这样，你才会发现那个无边无际的永恒和爱……"

泰勒的演讲以一个科学家的视角，讲述了因意外而探索未知的故事，能够激励人们积极主动地了解自我、认识世界，切中了"探索"这个永恒的人类命题。我们能从中发现五条重要的经验。

第一，亲身经历。

泰勒能够传递她对开发右脑的理论，在于她特殊的人生经历：不是治愈了多少病人，也不是参与了多少实验，而是自己治愈了自己，这种独特的经历就是最好的案例，能够让听众信服。当然，很多演讲者自己的经历未必有这么特殊，但至少可以用真实的感受和细节的再现让你的经历有代入感，用接地气的讲述方式让别人对你的经历感兴趣。比如你讲述自己的一次相亲过程，这不算离奇的经历，但是你可以通过形象地再现相亲对象的衣着打扮、说话方式、性格中的奇葩点来抓住听众，让大家仿佛身临其境，这样你的亲身经历就成了"故事体验馆"，同样能打动人心。

第二，切换视角。

泰勒既是一个神经学专家，又是一个病人，这种双重身份让她的故事在换位思考中进行，也就是听众能从她的故事中体验到病人的痛苦，也能发现医生的努力。而泰勒本人的很多感悟正是切换了视角之后才获得的，这就比只站在一个角度去分析问题更加客观和准确。同样，演讲者选择故事时也要尝试切换视角，比如一个警察抓小偷的故事，是不是可以跳出警察或者小偷的视角，从钱包的角度以寓言童话的方式讲述呢？这样既能让听众感到新鲜有趣，又能获得新的启发。

第三，传递积极探索的态度。

泰勒的演讲内容和右脑潜能有关，演讲核心是探索，这是她迫切地想要传递给听众的一种人生态度：无论科技如何进步，人类总会有一些来不及更新的陈旧认识影响我们了解未知的世界，这是一个漫长的、充满斗争的过程，人类需要树立勇于探索的精神和信念，哪怕是自身遭遇不测，但只要有所发现都是值得一试的。因此，泰勒才表示自己不后悔得了中风，因为这给予她一个了解右脑潜能的机会，这是一种对探索的执念，也是一种乐观精神，二者结合在一起，就能鼓励更多人积极探索世界。因此，演讲者在讲故事时不能只为了有趣和新奇取悦听众，要通过故事对听众产生正面的引导。

第四，打破常规。

在泰勒的演讲中，她多次提到了人类的一个不良习惯：重视左脑而忽视右脑，结果失去了欣赏这个世界最美风景的机会。这个观点的提出，既从人体科学的角度提出了质疑，也对人类功利化的思考方式提出了疑问：我们是不是因为看重左脑的实用性而忽视了右脑的开发潜能？这是一个打破常规的新观点。同样，一个优秀的故事，也要有打破常规的创新之处，要站在新的角度审视人物和分析事件，这样你提出的理论才有意义。

第五，哲学背书。

克里希那穆体不仅是印度著名的哲学家，也是向世界介绍东方哲学的先驱，而泰勒对涅槃的不断探讨，也在某种程度上迎合了克里希那穆体的哲学体系，从而让她从神经学研究领域跳入到哲学分析领域，让她的受众群体变得更加广泛，不再局限于中风患者，而是对每一个健康人也有重要的启示意义。故事演讲也是如此，有时候，你的演讲可能会涉及哲学，需要为故事主题赋予一个哲学内核，因为这样才能提高它的层次。但要注意，哲学背书要贴合演讲内容，不能为了拔高而"硬靠"，听众不是傻子，强行绑定哲学概念只会让人作呕。

成功的演讲，未必是给予听众一个确切的答案或者深奥的道理，也可以只是唤醒听众对人生和世界的探索欲，然后用你的亲身经历作为探索者的故事,引导着听众开启一场探索之旅。至于他们最终发现了什么并不重要,只要他们愿意打破常规、抛开传统、接纳新的知识和经验,他们就有机会获得新的提升,而这正是一场高质量演讲的意义所在:授之以鱼不如授之以渔。

3. 贝姬·布兰顿——从无家可归到站上讲台

人活一世，不仅需要给自己树立信念，也希望从他人的经历和感悟中汲取力量，从而坚定心中对梦想的追求。一个能够传递坚强意志的人，通常他本人也会是一个意志坚强的人。

在TED的演讲台上，曾经来过一个名叫贝姬·布兰顿的演讲者，她做了名为《我无家可归的一年》的演讲。

布兰顿是一个记者和作家，天生拥有强烈的好奇心，父亲的去世使她遭受了巨大的精神打击，此时她受到作家沃格勒的《作家之旅》一书的启发，决定辞职去旅行。1975年，布兰顿迈出了第一步，她驾驶着一辆雪佛兰车开始了一场冒险之旅，她面临的

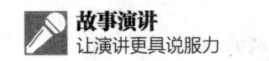

考验是什么？需要在旅途中赚钱，需要克服各种恶劣的天气，需要面对没有公寓和厕所等诸多不便。后来，布兰顿还因为这种冒险行为被警察围追堵截，导致她陷入严重的抑郁状态。有一次，布兰顿去一个流浪者健康诊所治病，因为绝望厌世自杀未遂，这是她和自己遭遇的恐惧与磨难进行的第一次交锋。后来，布兰顿得知自己撰写的旅行文章被记者收录，顿时悲喜交加，她回到田纳西州，开始了相对稳定的写作生涯，然而她的内心无法平静。经过一段时间的休整，布兰顿终于调整了自己的心态，恢复了记者身份，住进公寓，结束了她无家可归的一年。布兰顿的故事演讲中传递了一个观点："判断一个人，不是看他住的地方，睡觉的地方，和某一个时间段的生活状态，而要综合评判。"

布兰顿的故事阐述了一个很多人都可能思考过的问题——"我的归宿在哪里"。布兰顿属于勇敢地用实际行动去找寻答案的人，她能够主动踏上征程去寻找一个答案，而在这个过程中经历了肉体和心灵上的双重打击。人们听了布兰顿的故事后，既被她那坚忍不拔的意志所折服，又对她与内心抗争的痛苦颇感唏嘘。

那么，布兰顿的故事对演讲者有什么启示呢？

第一，多谈过程，少谈结果。

很多演讲者都会犯一个错误，那就是只讲述获得成功的故事，把描述的重点放在成绩上，而忽略了成功的过程。事实上，听众对结果并不感兴趣，他们更渴望了解成功的过程中都遇到了哪些困难，是怎样克服的，这些对于大多数渴望成功的人来说有重要的参考价值。布兰顿在讲述她的故事时，着重提到了她所遇

第四章
故事汇——演讲大师怎样讲故事

到的困境,让听众了解了很多困境求生的技能和应该如何正确面对厄运。

第二,不要抬高自己。

有时候,演讲者为了突出主题,会刻意美化故事中的角色。那么,站在TED讲台上的人一定是出类拔萃的强者吗?在布兰顿的故事中,她把自己定位成和听众一样的普通人,她提到了她性格中的弱点,不忌讳谈及她的失败,甚至对她脆弱的内心世界也毫不掩饰,这让她看起来更像是听众熟识的朋友。同时,布兰顿也没有夸大事实,没有塑造出某个神秘而强大的导师影响她的人生,因为她要向听众传递的信念是:我们都是普通人,我们在大多数时候都要独自面对问题。

第三,求问者的内心世界。

什么样的故事能真正打动人?一定有一个引起大家共鸣的主角。布兰顿演讲的主题是"我的归宿在哪里",因为她的境遇让自己迷失了方向,在丧父之痛和抑郁症的折磨下,她必须通过真正的行走去找寻答案,而没有去做"思想的巨人,行动的矮子"。这种物理意义上的行走必然会面临诸多困难,但就是这种切肤的体验才能真正促使一个人进行深度的思考,所以她就是一个行走在路上的求问者,追寻着"我的归宿在哪里"的答案。但是求问者应当呈现给人们什么呢?仅仅是外部的光环和值得一提的成就吗?当然不是,听众更关注的是他们的内心世界,想了解一个人离开舒适区以后的真实感受。因此,布兰顿借助旅行描摹她内心世界的风霜雪雨,这样一虚一实、一外一内的对比,就增

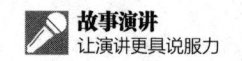

强了故事的精彩程度，也把听众带入到她寻找答案的体验中。

第四，分享经验。

听众的时间是宝贵的，他们绝不仅仅是为了听一个有趣的故事就傻傻地坐在台下，他们需要获得一些实用的知识和经验。在布兰顿的讲述中，她告诉听众自己是一位有经验的露营者，这让听众马上意识到，从她的故事中可以学习不少野外生存的技能。在布兰顿的故事里，她讲述了自己面对的种种考验，并告诉大家她所发现的这个世界的特殊规则。虽然她通过了这些挑战，却在积极和消极两种极端的情绪当中摇摆，当然，她努力让自己的内心靠近积极的情绪，让这场充满艰辛的旅程变成治愈自己的惬意之旅。这种心路历程的描述，对很多听众都有现实意义。

第五，感官描述。

一个精彩的故事离不开形象的描述，因为有些场景如果不能准确还原的话，会让听众难以理解。在布兰顿的故事中，她对自己驾驶车辆的内部做了详细的描述，还描述了她去过的流浪汉诊所和书店等，涉及视觉、听觉、触觉等多个感官层面。不过，她的描述也不是事无巨细的，而是挑选重点，让听众尽快地被带入到场景当中。通过她的描述，人们仿佛看到了一辆锈迹斑斑的破车，还闻到了布兰顿和一猫一狗挤在封闭的空间里的污浊气味……让听众既身临其境，又获得了足够想象的空间，整个故事的电影式氛围就被创造出来了。

第六，不拖泥带水。

我们都是听着"从前有座山"这样开头的故事长大的，也多少习惯了这种俗套的开场白。但是布兰顿却缩短了这个时间背景的描述过程，在第二句话就把所有背景交代清楚，不会让听众在时间线索模糊的前提下糊涂地听着故事。对故事演讲来说，快节奏是吸引听众感官和注意力的关键。

第七，深化主题。

有的演讲者或许因为太在意故事的精彩性，将主要精力放在如何架构故事和讲述故事上，却忘记了把故事本身和演讲主题紧密联系到一起。在布兰顿的故事结尾处，她向听众展示了一个求问者身心疲惫完成任务的结局，也讲述了求问者所遭受的心灵上的折磨：当布兰顿回到田纳西之后，她心中的空虚并没有真正被填补，她依然是一个无家可归的人，但她最后还是站上了TED的讲台，她不需要拿出什么成就吹嘘自己，也不需要刻意卖惨，她只是和大家分享自己探索人生命题的经历。这个没有刻意拔高的结局，让听众感受到了求问者未必会找到一个确切的答案，因为人生原本就是在旅途中，你在寻找答案的同时自己也在发生新的变化。因此，布兰顿的独行之旅不仅仅是一个人苦苦追寻人生答案的故事，更是一个深入人心的哲学研究报告。

布兰顿的故事演讲，从她个人的经历出发，在尊重事实和内心情感的前提下，向听众呈现了一段夹杂着兴奋、迷茫、痛苦、纠结等复杂情绪的旅行故事，她所展示的不仅是自己的心路历程，也向人们提出了一个值得思索的问题：我们的归宿在哪里？

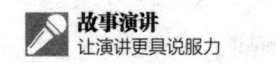

凭借这个核心点，听众开始发散思维，去思索有关人生和宿命、苦难和重生的哲学命题。布兰顿成功地将真实而传奇的故事和具有人类共同价值而深刻的道理结合在一起，不仅满足了听众对故事艺术性的好奇心，更引发了他们对自己、他人乃至整个世界的认知和感悟。

4. 跟学校"唱反调"的肯·罗宾逊

挑战传统往往是立论的背景,但要让一个新理论立得住并能抵抗传统观念的反击,不仅需要立论者拿出勇气,更需要掌握技巧。对于一个演讲者来说,打破常规是负重而行,也是扬名立万的关键。所以,能否将传统观点推翻,在于你能否构架出一个有理有据的故事去说服听众。

肯·罗宾逊是国际公认的开发创造力、人力资源方面的领导者,他和很多政府、国际组织、世界500强公司共同工作,创立了一种新的人才教育模式,开发人们的创造力。他曾经在TED大会上做过关于创造力的演讲,讲述了现代教育系统存在的弊病,提出让人们转变观念，将教育从目前的工业化模式转变为农业化模型，让每个人都享受个性化教学，挖掘他们的潜质，创造有利的环境。

在罗宾逊的演讲中，他讲到自己在刚来到美国的时候，发现当地人说"美国人不懂讽刺"。但是他走了很多地方，没有找到证实美国人不懂讽刺的证据。后来，他偶然听说"不让一个孩子掉队"这条立法时，终于知道美国人是懂得讽刺的，因为这句话的另一层意思就是：有数百万的孩子掉队了。在罗宾逊看来，美国教育不是没有投入足够的钱，而是走错了方向。为此，罗宾逊提出了自己对教育的看法。

第一，人类天生彼此千差万别。罗宾逊在演讲时问现场的人有多少孩子，他又说自己愿意和在座的听众打赌：如果你有两个以上的孩子，一定是完全不同的个体。而"不让一个孩子掉队"所提出的教育政策，其实是基于一致性而非多样性，这种政策是在鼓励校方以成绩的高低判断一个孩子的前途，这是一种狭隘的教育方式。正确的做法是开设多元化课程，这样才能展示出他们多方面的天分。

第二，拥有好奇心。罗宾逊认为，如果能激发孩子的好奇心，绝大多数孩子都可以以此在学习上变得更主动。如果扼杀了他们的好奇心，就会产生巨大的负面影响，因为好奇心是取得成就的一种动力。

第三，人具有与生俱来的创造力。罗宾逊认为，这解释了为什么人们有不同的人生履历、创造不同的生活，以及人类的文化为何有趣和丰富。然而讽刺的是,人类的教育文化是标准定型的,会让人们忽视同等重要的其他科目。

为了加强说明,罗宾逊还引用本杰明·富兰克林的格言:"世界上有三种人,第一种人雷打不动,得不到是因为他们不想要,他们力求不变;第二种人,伺机而动,他们认识到改变的必要性,准备去做;第三种人,先发制人,他们主动让事情发生。"罗宾逊在结语中表示,如果人们能够鼓励更多的人去做,那将成为一场运动,而如果执行力度足够大的话,那将会是一场革命,而这正是人们需要的。

罗宾逊的演讲,是一种典型的打破传统认识,是基于当时美国教育现状提出的另一个方向的观点,当然也适用于世界上的一些国家,所以它的社会意义巨大。如果你想做一场真正引发人们思考甚至要引起社会变革的演讲,不妨从中学习罗宾逊的方法。

第一,找到听众感兴趣的切入点。

罗宾逊的演讲切入点十分独特,他讲自己刚到美国时从他人口中听说"美国人不懂讽刺",当然这并非重点,却是一个能够引起美国听众兴趣的切入点,他们会马上质疑"美国人不懂讽刺"这句话,或者会在心里玩味这句话是否有弦外之音,由此开始思考。罗宾逊让听众从单纯的接受信息变成了甄别信息和反馈信息,这样对接下来的演讲内容就起到了重要的铺垫和引导作用。同样,故事演讲也可以从一个有争议的话题入手,让听众原本平和的心态被打破,产生一种想要和演讲者一争高下的辩论冲动,而这种状态有利于信息的交互。

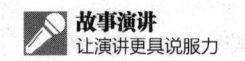

第二，现场互动。

既然演讲者要立论，就要让更多的听众认同，而这个认同不单纯是演讲者自圆其说，而要通过与听众互动交换信息，从而了解听众的态度，让他们相信你传递的信息是正确的。为了证明每个孩子都是与众不同的，罗宾逊和现场的听众进行了沟通，提出了一系列问题，不仅让彼此的关系更密切，也为后面的演讲做好了铺垫。演讲者在借助故事表达自己的思想时，可以在不破坏故事节奏的前提下适当提问，比如"你认为故事的主角会怎么做""你觉得接下来会怎么样"，这样引导听众站在故事主角的角度去思考问题，一步步接近演讲的主题思想。

第三，高度概括。

罗宾逊对教育的看法简明扼要，可谓一针见血，这也是很多演讲者需要掌握的能力。因为听众在短时间内接收的信息都是有限的，越是简短犀利的话，越能够被他们有效提取，也就越容易产生深度的思考。同样，讲故事的时候也要平衡好所插入的理论，毕竟简单地总结出主题思想才是最重要的，既不会破坏故事完整的结构，也能辅助听众重新回味故事的主题。

第四，引用名言。

演讲者引用名言是司空见惯的事情，但事实上，很多人往往引用了不恰当的名言，或者准确地说，他们引用的名言"杀伤力"不足，无法触及听众的痛点，自然就难以引起深刻的反思。罗宾逊引用了富兰克林的一段总结，足以让大多数人警醒，从而意识到如何教育下一代关乎千千万万个生命的自由发展，这几乎决定了人类的终极命运，和演讲主题是高度匹配的。同理，演讲者在故事中引用的名言，也一定要和故事的主题高度吻合，否则就失去了引用名言的意义。

第五，站在对立面。

和主流对抗，本身就是一件有风险的事情，所以一些演讲者会采用相对温和委婉的方式表达自己的观点。然而越是如此，越抹平了你理论中最尖锐的那一部分，导致对听众的刺激度不够，他们就无法认识到你理论中的精华，反而会习惯性地站在传统观点的一边，你的不温不火最终换来的是白费心力。其实，很多时候人们也希望听到反传统的不同声音，只要你的理论能够站得住脚，听众并不会过分排斥新观点。同样，一个好的故事素材，也可以带有"颠覆常规"的味道，毕竟人们不是为了听故事才坐在台下的，是希望听到一个有内涵的故事，一个能够引起他们思考的故事。

罗宾逊最值得学习之处，是他的演讲充满了社会责任感，这是很多人愿意聆听和思考的原因，也是他的理论能够在世界范围内广泛传播的根基。同样，一个演讲者要想给大家开启重新认识世界的视角，也要肩负起一定的社会责任感，因为新的视角不是为了反传统而存在的，而是立足于现实问题，能够站在一定高度解决困扰我们的某些问题，而这正是人类社会所需要的反思精神和探索姿态。

5. 艾米·卡迪——你的身体里藏着最精彩的故事

人类的肢体语言也是一种信息表达，比如环抱双臂代表的防御性心理，前倾身体代表的友好姿态……这些肢体动作不仅影响着别人对我们的态度，同时也会对自己产生积极或者消极的心理暗示。为此，社会心理学家艾米·卡迪提出了"有力的姿势"这个概念，让我们以自信的方式站着，哪怕我们不感到自信也能够影响我们身体中睾丸酮和皮质醇含量（二者主要有改善体能和维持正常生理机能的作用），帮助我们提高成功的概率。

为了传播自己的理念，艾米·卡迪做了一场关于"有力的姿势"的精彩演讲，她在开场时就明确表示，要带给听众人生窍

第四章
故事汇——演讲大师怎样讲故事

门。在分享这个诀窍之前,艾米·卡迪让大家看看自己的姿势,比如有多少人蜷缩着,是否弓着背、跷着二郎腿等。艾米·卡迪通过这些诱导式的语言引起了听众的欢声笑语,然后她表示,人类确实很执着于肢体语言,尤其是对别人的肢体语言充满兴趣,比如一个眨眼或者握手。随后,艾米·卡迪问听众:你现在的肢体语言正在告诉我什么?他的肢体语言又是在向听众传达什么?当人们在思考这几个问题时,艾米·卡迪给出了答案。

艾米·卡迪认为,社会科学家花了很多时间去求证肢体语言的效果,发现肢体语言是一种独特的非语言。那么,这种非语言代表了什么呢?在动物王国中,站立、展开双臂和"扩张"有关,是为了让自己显得更"大",相对而言,蜷缩、低头等动作和"收缩"有关,让自己显得更"小"。所以,当人们感到无能为力的时候会"收缩"自己,正如我们常用的描写手法:"他蜷缩在角落里",这是为了避免碰到别人,给自己保留足够的私密空间。为了让听众更好地理解,艾米·卡迪讲述了自己的经历。

艾米·卡迪在求学期间,曾对一位在课堂上没说过话的同学说:你得融入学科中,否则不会通过考试。艾米·卡迪不断鼓励这位学生,通过改变她的肢体语言提升其自信心,比如让她克服心理障碍去办公室聊天,打消她面对陌生人的恐惧,后来艾米·卡迪再见到这个学生时,发现她自信地端坐在教室里,丝毫没有恐惧和排斥外界的肢体语言,整个人脱胎换骨,把对成功的渴望溶到骨子里,而实现这一切的正是"有力的姿势"。艾米·卡迪和听众分享的心得是,小调整能够产生大的改变,而且

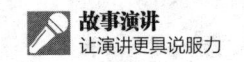

只需两分钟。一个有力的姿势会让人们发现他们需要自己的身体，因为这会改变他们的生活。

艾米·卡迪的演讲主题就是：身体改变心理，心理改变行为，行为改变结果。这个观点得到了大多数人的认同，她也成为TED演讲中的演讲大师。她的演讲有五点值得借鉴的经验。

第一，强化互动。

艾米·卡迪在演讲中不断和台下听众互动，她的互动以肢体动作为主，就像一位健身教练做示范一样，最大化地调动听众的身体、刺激听众的神经，从而产生强烈的认知烙印，对吸收她的理论有重要的作用。同样，故事演讲中也可以设计一些小动作，比如主人公在遭遇困境时的肢体反应，演讲者可以自己表演，这就容易把听众带入到角色中。

第二，适当的提问。

艾米·卡迪的提问并没有让听众回答，她本人也没有明确作答，而是通过鲜活的事例从侧面给出了答案。这样做有两个好处：第一，能够引起听众的思考，引导他们用理论和故事相结合的方式去寻找答案；第二，避免了听众做出方向上错误的回答，导致偏离主题，甚至会干扰演讲者自己的思路。同样，演讲者在故事中加入提问也需要技巧：第一，要能从故事中找出对应的答案；第二，这个答案要紧扣演讲主题。当然，为了吸引听众关注，要把问题设置得有意义。

第三，心理暗示。

成功的演讲都是会与听众的心灵产生共鸣的，这就需要以精神去碰撞精神。艾米·卡迪用"有力的姿势"不断在现场对听众进行引导和暗示,让大家相信自己对姿势的调整会增强他们的自信,这就是一种强大的心理暗示,也是很多人渴望获得的精神力量。同样,故事演讲也需要借助某个角色向听众传递积极正向的价值观念,让听众相信自己也可以通过训练思维、提高逆商等方式变得和主人公同样强大。

第四,经验共享。

艾米·卡迪不仅扮演了一个演讲者,还充当了一个经验分享者,对听众讲述了自己的心得体会。如同一个熟识的好友那样,既亲切又真诚,让高高在上的理论变得十分接地气,强化听众的认可度。同理,当演讲者讲述故事时,也需要偶尔放下学者、高知之类的身份,站在和听众平等的地位与他们共同探讨心得体会,既融洽了关系也便于传播经验。

演讲是一门特殊的沟通技能,不是单纯地授业解惑,而是要有技巧地与听众沟通,提高信息交互的有效性,这样才能让你传播的价值观念和理论体系被人接受。对听众而言,一个不像演讲者的演讲者,往往才是最出色的演讲者。

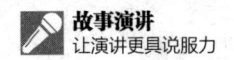

6. 马库斯·菲舍尔——让你的观众"身临其境"

人类之所以喜欢听故事，从某种程度上讲是希望"放飞"自己的灵魂：从听故事的现场穿越到另一个时空，去经历故事中的主角遭遇的一切，体验别样的人生。能否让听故事的人身临其境，取决于讲故事的人对故事的驾驭能力，而这也是演讲必备的能力之一。

在TED的演讲舞台上，有一个名叫马库斯·菲舍尔的人让听众记忆深刻，他曾经做过名为《像鸟儿一样飞行的机器人》的演讲，介绍他和他的团队成功造出的智能鸟——一个大型、超轻、外形似海鸥的机器人，它能够像真鸟那样拍动翅膀飞行。

第四章
故事汇——演讲大师怎样讲故事

菲舍尔的研究方向是人工智能，这其实是一个很抽象的概念，特别是他研制的飞行鸟更是挑战了人们的认知底线。为了让听众理解，他运用数据可视化的手段，将大家带入到一个科技感十足的世界中。

什么是数据可视化？数据可视化是指将数据以视觉的形式进行表达，从而帮助人们了解其中的含义。数据可视化既可以是静态的，也可以是交互的。几百年来，人们一直使用静态的数据可视化，比如图表和地图，而交互式的数据可视化是利用电脑或者移动设备，深入到图表和图形的细节再进行处理。

数据的可视化的优点在于，能够以最简洁的方式讲故事。同时，你要知道你想达到何种目的、传达何种信息以及你的用户是谁等，这些都可以帮助听众身临其境。

有一个很有趣的名词叫作"巴士群"现象，是有关复杂数据可视化的典型案例。它最初是在一个名叫Setosa的网站里提出的一个问题：如何呈现巴士群现象？也就是一辆巴士被延迟，导致后面的很多辆巴士在同一时间内到站的情况。如果用数字去讲述这个故事十分抽象，所以最好的办法是把它变成一个互动游戏：当巴士沿着路线行驶时，人们可以通过点击并按住一个按钮的方式让巴士延迟，就能观察出一个短暂的延迟怎样让巴士在一段时间以后聚集起来。

图表是数据可视化的一个分支，它是对数据进行二次加工，然后用统计图表的方式呈现。因为数据是事实或者观察的结果，是对客观事物的逻辑归纳，所以一个具体的数字比一个模糊的说法更有说服力和可信度。打个比方，假设一个淘宝男装卖家6月的成交金额是10万，这个数据本身无法说明任何问题。然而当你加上7月10万、8月12万等多个月的数据后，就可以生成折线图，看出成交金额呈上升趋势，从而得出是因为换季带来销量增长，店主就可以考虑加快夏季款的上新。

人脑对图形的处理更加省事，每一个汉字都可以视作一个图形符号。在阅读文本时大脑会对其进行解码，只有对这些形状和大脑中储存的记忆进行匹配才能理解它最终的含义。因为文字的解码过程是线性的，而图表是完整的图形，所以在很多营销平台上，数据用图表呈现会比用文字呈现获得更高的点击率，也更容易让人记住，从而制造话题。简单说，数据的可视化是听众进入故事场景、认识故事角色的重要桥梁。菲舍尔的演讲成功之道，就是懂得如何借助可视化的数据让情景重现。这个大师级别的技能，带给广大演讲者五个方面的启发。

第一，善用图表、图片和视频。

如果图表、图片和视频契合演讲主题，就能增强演讲的视觉效果，从而符合人类对美的体验和感知。比如借助大屏幕同步播放插图等手绘作品，虽然制作起来麻烦一些，但是能够迅速地把听众带入到故事中，会对演讲产生积极的作用。比如，演讲者要讲述一个有关广告创意的故事，不妨将一些经典的广告案例播放出来，配合故事情节能够让听众更好地理解创意产生的过程以及广告人的工作常态，也有利于突出广告的艺术性。

第二，让图片"动"起来。

和图片相比，视频当然更灵活也更生动，但是播放视频会浪费时间，也会极大地分散听众的注意力，所以还是图片更简洁高效。不过我们需要会"动"的图片——利用图片的色调、风格和排版布局，让图片在听众眼中变得立体，比如采用灰度较高的图片和偶然出现的跳跃色，让每一张图片的信息重点都非常突出，带给听众丰富而真实的视觉体验。故事演讲也是如此，当演讲者想要展示一个信息量较大的场景时，用一系列具有视觉效果的图片，其表现力会更强，听众也能通过联想进入故事场景。

第三，协调文字和图片的关系。

无论是普通图片还是幻灯片，都需要和文字配合，那么二者之间的关系该如何处理呢？基于数据可视化的原理，应当让文字作为图片的辅助。要借用构图、色彩搭配、现场灯光等多方面的因素突出图片中的重要信息。比如故事中的重要角色或者重大事件的照片等，但是也不能因此放弃文字，要将经过总结的精炼文字配合图片一起使用，这样既能带给听众足够的视觉体验，又能传递重要的文字信息，实现感性信息和理性信息的同步传播。

第四，多场景地使用图片。

正如儿童喜欢图画类的读物一样，人类对图片的认知和感情远比文字要早也更加深厚，所以当演讲者要向听众传递一个复杂的信息时，与其用专业但难懂的图表，不如用充满童趣天真的手绘图画来表达，这样既能规避听众在现场感受到的无聊和无趣，又能让听众借助一次演讲重新回到童真的世界，在这样无忧无虑的虚拟环境中，人们会本能地弱化心理防御，自然就容易接受演讲者对他们传递的各种理论。因此，一个带点童话色彩的故事和充满童真的配图，能够让故事变得更惹人喜爱，也在客观上深化了演讲主题的内涵。

第五，制造3D电影。

人们为何喜欢看3D电影？因为大多数人日常活动的范围有限，他们渴望体验与平日生活完全不同的场景，至于在场景中经历了什么并不是最重要的，最重要的是体验。同理，演讲者选择的故事也要照顾到听众的这个潜在需求：有时候情节和人物是次要的，故事发生的环境和背景更能吸引听众。为了切合这个要求，演讲者可以在不触及主题的前提下，适当对故事场景作出调整，让它带着听众展开一次奇妙的3D电影旅行。当然，想要达到这个目的，仅仅依靠一张嘴是不够的，需要借助一些图片和文字，引导听众作出合理的想象。当他们置身于一个新奇的故事环境中时，好奇心和兴奋感会让他们愿意了解场景中的人物和事件，也就接近了演讲主题。

数据的可视化，不是一个技术概念，而是一个心理概念。它追求的不是如何把数据转化为视觉信息，而是如何让听众更舒适地接收数据信息。所以一切都要从听众的认知、审美、视觉等方面入手，这样才能为一个内容丰富的故事内核包裹上一层华丽的外壳，让听众一边想象一边深思。

7. 汉斯·罗斯林——大数据时代，别滥用数据

自人类社会进入大数据时代之后，很多人开始执迷于借用数据去支撑自己的理论和观点，使之更有说服力。但是如果盲目地堆砌数据，就会让理论和观点失去"温度感"，变成一堆由冰冷的统计数字和图表构建起来的数据包。

2017年，瑞典数据可视化大师汉斯·罗斯林去世，他曾经被《时代》和《外交政策》杂志评选为全球最具影响力的百位人物之一，他一生都在研究如何用最简单易懂的数据让人们看清真实的世界。在汉斯·罗斯林看来，数据是不会骗人且富有生命力的，他把那些复杂的全球问题都变成了可视化的数字。

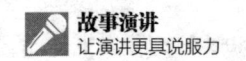

罗斯林曾经在著名的"统计的快乐"视频中，在短短的4分钟时间里就用12万个数据展示了200个国家200年的发展。后来，罗斯林走上TED演讲台，通过数据让人们认识正在变化的世界。他的每次演讲都会被各大视频和新闻网站转载，内容涉及宗教、孩童死亡、全球人口增长、亚洲崛起、贫穷、HIV、埃博拉病毒等热点问题。

2006年，罗斯林做了一场名为"用好方法诠释数字统计"的演讲，短短20分钟的时间让他几次停下来等观众的掌声和欢呼声结束，人们称他为"手上的数据会唱歌的人"。原来，罗斯林凭借不同的动画和图像展示了过去100年世界的发展状况，包括全球的财富分配、健康问题、婴儿存活率等。最后，罗斯林把地球上的70亿人分成了四种：有消费能力使用飞机的人，能使用洗衣机的人，能使用电灯泡的人，和每天还靠烧火为生的人。

罗斯林的演讲既幽默又不失深度，他能够让枯燥的数据活起来，让听众觉得玩转数据是一件很酷的事。比如他会把枯燥的数据制作成好玩的动画，让外行人也能一眼看懂。

罗斯林的演讲成就，证明了大数据时代下利用数据辅助演讲的重要作用，但他并不提倡滥用数据。相反，罗斯林是一个巧妙利用数据的演讲者，我们可以从中学习到五条经验。

第一，关键信息用数据展示。

罗斯林的每一次演讲，最多也不过20分钟。在短时间内，他要讲述的内容却往往范围很大，涉及全球通史、地区发展史、当代人类生存现状等巨大架构的信息，但是他深知如此庞杂的信息，对于听众来说最关键的只是其中几个，解释清楚这些关键信息就能展现出演讲的核心要义，其他的部分即使听众不理解也问题不大，所以他会竭尽全力地解释关键信息，并用数据来展示。对于故事演讲来说，可能也会涉及一些历史、文化层面的知识点，如果每个点都用数据去解释，虽然愉悦了听众的感官，但也挤占了演讲的宝贵时间，更模糊了主题，因而数据应该用来展示关键信息。

第二，大数据要形象化。

大数据从本质上看是高度数字化的信息，罗斯林也知道它的枯燥性和单一性，会让很多听众难以直观地感受，所以他才把数据制作成生动有趣的动画，这恰恰说明了他既重视大数据又不滥用大数据，所以他的演讲举例才能深受听众的好评。而一些演讲者为了突出故事的真实性刻意加入了很多数据，看似符合科学精神，其实太多的数据只会让听众更加迷惑不解，所以不如将那些并不是至关重要的数据用眼前的具体事物来代替。

第三，精妙的比喻。

罗斯林将世界上的人划分成四种，这既是一种高度的概括，也是一种形象的展示，让很多听众瞬间就能理解他要表达的信息，而这也正是罗斯林活用数据的好处。因为在很多场合中，演讲者未必能直接找到用来解释数据的道具，那么不妨用形象的比喻来替换，当然这个比喻一定要是听众熟悉的，这样才能加快他们对演讲主题的认知和消化。

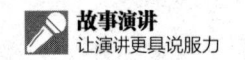

第四，幽默和深度并存。

有的演讲者过于重视故事的精彩程度，觉得如果不曲折离奇就没有人愿意听，结果造成听众听完之后没有半点收获的尴尬局面。还有的演讲者认为故事不够深刻就体现不出自己的水平，于是讲了一个晦涩难懂的故事，导致听众一头雾水。罗斯林却不是这样，他利用简单的道具阐述与人类生存相关的重大问题，最大限度地引起了听众的兴趣和关注，实为演讲的一个高超技巧。

第五，授之鱼不如授之渔。

罗斯林不仅传授给听众知识，更是传递给了他们正确的方法论，比如如何正确使用数据，如何分析困扰人类生存的种种问题。这些对听众而言是有积极作用的，因为方法论提供给人们分析问题和解决问题的思路，方便人们解决现实问题，这是一个演讲者能够馈赠给听众"保质期"最长的礼物。同样，一个故事是否精彩也不是第一位的，关键要给予听众收获，这才是演讲的终极目的，也是听众的内心所期。

故事演讲是结合了逻辑学、口语表达技巧、人际沟通技巧等多种知识的综合技能，是为了说服听众或者引发听众思考，而不是简单地通过数据展示、文字罗列等方式普及知识或者灌输某种观点。它应该是人性化的、开放式的和互动式的，重点不在于演讲者是谁，而在于听众是谁。只有从听众的角度出发，用演讲者擅长的方式去和听众沟通讲解，才能达到预期目的，让演讲者的每一句话都能引人回味、开拓思维、振奋人心，产生"醍醐灌顶"的畅快和通透，展现出故事演讲的无穷魅力。